MAPIRIPÁN.
SIN PERDÓN Y SIN OLVIDO.

Con cariño y apoyos
para una familia
inolvidable.

Hernán Orozco
Oct 24/2013

MAPIRIPÁN.
SIN PERDÓN Y SIN OLVIDO.

MEMORIAS DE UN SOLDADO

TENIENTE CORONEL (R) HERNÁN OROZCO CASTRO

Redactora de Estilo Claudia Arcila Osorio. Licenciada en lingüística y literatura de la Universidad Distrital. Bogotá. Colombia.
Foto de la portada. Teniente Coronel Orozco en la Base Militar de Santa Maria. Boyacá. 1999.

Número de Control de la Biblioteca del Congreso de EE. UU.:   2012918430
ISBN: Tapa Dura   978-1-4633-4051-3
                   Tapa Blanda   978-1-4633-4050-6
                   Libro Electrónico   978-1-4633-4049-0

Para realizar pedidos de este libro, contacte con:
Palibrio
1663 Liberty Drive
Suite 200
Bloomington, IN 47403
Gratis desde EE.UU. al 877.407.5847
Gratis desde México al 01.800.288.2243
Gratis desde España al 900.866.949
Desde otro país al +1.812.671.9757
Fax: 01.812.355.1576
ventas@palibrio.com
426268

ÍNDICE

En Mapiripán,
Los vivos enterraron a sus muertos,
Y los muertos,
Arrastraron a los vivos.

"sobre mi corazón no manda nadie más que mi conciencia;
ésta se encuentra tranquila, y así no le inquieta cosa alguna".

Simón Bolívar.

Dedicatoria Primera

A mi amada sobrina Manuela,
A mi hija Daniela,
A mis hijos Felipe y Santiago.

A mi hermano Andrés (q.e.p.d.),
A cada víctima de Mapiripán (q.e.p.d.).

Dedicatoria Especial

Ella encarna la fortaleza, la esperanza,
la sabiduría y la lealtad.
Creció en un hogar conformado por 5 personas.
A los 15 años su padre murió de cáncer, quedaron cuatro.
A los 18 su hermano fue asesinado en la puerta de su casa,
quedaron 3 mujeres solas, pero con alas...

Se casó a los 28 conmigo, nacieron Felipe y Santiago,
ahora éramos 6.
Su hermana se casó con mi hermano y nació Manuela,
ahora éramos 8.

Pero una triste tarde a mi me encarcelaron, ahora eran 7.
Otra trágica noche mi hermano fue asesinado,
ahora quedaban 6.
Entonces recuperé la Libertad, y nació Daniela,
En la actualidad somos 8.

La vida es una ecuación matemática,
en la que se debe agradecer,
por todo lo que suma y multiplica,
pero también, por todo cuanto resta y divide:

**"Lo que soy y lo que tengo, se lo debo a Dios y a una de sus máximas
creaciones del día: mi amada esposa Olga Lucía."**

PALABRAS DEL AUTOR

Un documento desclasificado por el Departamento de Estado de los Estados Unidos, fue la base de un interesante artículo escrito el 13 Julio de 2012 – anexo A - por el periodista del Archivo Nacional de Seguridad, Michael Evans, titulado "Hubo encubrimiento en la masacre de Mapiripán". En su columna, el señor Evans dice que el Ejército Colombiano acusó falsamente a un oficial subalterno –Orozco- por la masacre de Mapiripán, como parte de un esfuerzo para confundir y encubrir la responsabilidad de otros. A su vez, la carta del Departamento de Estado afirma, que el Mayor Orozco fue bloqueado por su cadena de mando. La tesis es cierta, y queda reflejada en los capítulos de este libro.

¿Por qué sucedió la masacre de Mapiripán? En un país prácticamente militarizado como Colombia, la explicación más sencilla consiste en manifestar que para poder ejecutar esa macabra acción, los delincuentes contaron con el apoyo de algunos Oficiales y Suboficiales del Ejército Nacional. En 1997, San José del Guaviare tenía una masiva presencia Policial que incluía una base aérea de antinarcóticos, además, allí había una fuerte presencia de unidades del Ejército y de la Infantería de Marina. Todos los puntos críticos de entrada y salida en ese Departamento estaban celosamente controlados, no es exagerado decir que todas las puertas y ventanas en esa zona del país estaban vigiladas, como tampoco es desmedido declarar que esas puertas y ventanas se abrieron para facilitar la llegada y el accionar de los grupos paramilitares.

La principal razón para terminar este proyecto son mis hijos. Deseo que cuando ellos crezcan y la curiosidad los indague, encuentren las respuestas más exactas y veraces a los motivos por los cuales, siendo colombianos de nacimiento, crecieron en tierra extranjera y fueron adoptados como ciudadanos de los Estados Unidos.

La gran nación americana donde vivo hoy, me concedió dos intangibles supremos que mi propia patria me arrebató: Libertad y Justicia. No en vano es llamada "Land of the Free". Estoy profundamente agradecido con cada ángel de este país por el respaldo y el trato que me han ofrecido y por comprender, desde el principio y sin desconfianza, la realidad de un problema que me obligó a salir de Colombia, tierra que siempre guardaré con especial afecto en lo más profundo de mi corazón.

Para empezar, pido disculpas, de manera humilde, a cada ciudadano de Mapiripán por lo ocurrido en el municipio entre el 15 y el 20 de julio de 1997, no las pido como lo haría un culpable que siente remordimiento, sino como un soldado que, al confiar ciegamente en los comandantes superiores de quienes dependía, fue incapaz de descubrir la intriga, el engaño y la manipulación de que era objeto mediante informaciones que luego se comprobó, eran falsas.

Por consiguiente, tengo un delicado compromiso conmigo mismo: relatar la historia del caso Mapiripán tal como la guarda mi recuerdo. Como es natural, después de 15 años no todos los detalles se evocan con total claridad, así que en determinados momentos, por falta de ésta, acudiré a los dictados de mi conciencia para narrar lo más cerca posible la realidad que viví.

Con frecuencia tengo maravillosos sueños con el Ejército de Colombia. Mi admiración, afecto y amor por la carrera de las armas y sus soldados continúan vigentes: las experiencias más positivas e intensas las viví en la institución camuflada rodeado de los paisajes naturales más hermosos que han visto mis ojos.

Este libro relata el drama personal y las decisiones militares que se tomaron antes, durante y después de la masacre de Mapiripán, tema que ha estado vigente en la opinión pública durante la última década. En 1997, este municipio era considerado por las autoridades militares y de Policía como una zona de influencia guerrillera donde existían cultivos de coca y laboratorios para su procesamiento; la población está ubicada a orillas del rio Guaviare, entre los limites de los departamentos del Meta y del Guaviare, tiene una extensión aproximada de 11.600 k^2 y es el segundo municipio más grande del Meta. Hace 15 años contaba con 12 mil habitantes, de los cuales tres mil se concentraban en el casco urbano. A Mapiripán se llega por vía aérea después de 50 minutos de vuelo desde Villavicencio, o por tierra luego de un recorrido que puede durar 12 horas.

La Policía Nacional abandonó el lugar el 16 de enero de 1996, después de un ataque de la guerrilla. El día de la incursión paramilitar, Julio 15 de 1997, no había en el municipio presencia policial por esta razón.

Tres temas centrales se desarrollan en este libro: **el mando operacional** que el General Uscátegui planteó como primera excusa para minimizar la responsabilidad de su omisión; el segundo es la credibilidad que la justicia le ha dado al **Oficio N.º 2919**, documento que se constituyó en la evidencia central que desnudó la omisión del Comandante de la Séptima Brigada.

Los planteamientos del señor General Uscátegui no han encontrado eco en la justicia colombiana por ser contrarios a la realidad fáctica y procesal; por eso, la nueva estrategia del militar se aborda en el tercer tema, el de la supuesta **guerra jurídica** en su contra, que según él, encabeza el Colectivo de Abogados José Alvear Restrepo.

El primer capítulo narra la incursión paramilitar, éste se redactó en su totalidad transcribiendo algunos párrafos de dos artículos del periódico *El Tiempo*: "No se escucharon tiros, porque los degollaban", fechado el 22 de julio de 1997, y "El que deba algo que se vaya", del 29 de julio del mismo año; también se utilizaron algunos apartes de la obra *El sistema del pájaro: Colombia, paramilitarismo y conflicto*, de Guido Piccoli, 2005.

En este libro absuelvo moralmente de cualquier responsabilidad al entonces Mayor Harvey García Narváez, sancionado por la Procuraduría General de la Nación con una represión severa por los hechos de Mapiripán; nada más injusto e impreciso que lo anterior, pues su cadena de acción nunca llegó a comprometerlo en los hechos allí acaecidos.

También debo precisar desde ahora, que no hay ninguna injusticia en el caso del General Uscátegui, lamentablemente cometió un error de dirección y está respondiendo por su equivocación.

En donde si hay una marcada injusticia es en el caso particular del cabo primero Leonardo Montoya Rubiano. En 1997 él hacía parte del pelotón que tenía misiones de control y vigilancia en el aeropuerto de San José del Guaviare, cuyo comandante era el Sargento Segundo José Miller Ureña. Está probado que el Sargento Ureña – condenado a 32 años de prisión - facilitó el accionar paramilitar desde el momento en que aterrizaron los dos aviones en esa terminal aérea, su intención era la de ayudar a esos grupos criminales. El cabo Montoya, sin hacer parte del plan macabro tejido por Ureña, el Sargento Gamarra y por el Coronel Lino Sanchez (q.e.p.d.), fue sacrificado y traicionado por su comandante inmediato y su vida convertida en una pesadilla. Tanto la Corte Suprema de Justicia como el Juez Tercero Penal del Circuito Especializado de Villavicencio lo condenaron bajo un supuesto absurdo: "El cabo Montoya estaba en medio de otras manzanas podridas, así que también era responsable indirecto por la masacre de Mapiripán."

Pero la verdad es que este hombre, Montoya Rubiano, no es ninguna manzana podrida como lo fueron Ureña, Gamarra Polo, Lino Sanchez, o el entonces Coronel Ávila Beltran. Aspiro a que estas líneas le hagan justicia a este inocente personaje, condenado a 40 años por un sistema jurídico deficiente como el colombiano. Y espero que alguien se interese en estudiar su proceso nuevamente para que prevalezca la conclusión de no responsabilidad decretada por el Tribunal Superior de Villavicencio en el año 2010. Causa profunda tristeza que el Cabo Primero Montoya haya recibido una condena superior (40 años) que la impuesta al verdadero responsable de custodiar el aeropuerto de San Jose, Sargento Ureña (32 años). Considero urgente, oportuno y necesario manifestar, que el cabo Leonardo Montoya Rubiano no incumplió sus deberes constitucionales, no le causó daño a su Patria, ni manchó la reputación de su Institución militar, su mentalidad y su corazón no estaban ayudando a los criminales, su dramática situación obedece a un lamentable hecho: fue abandonado por su jefe, el Sargento Ureña. ¡En su caso existe una injusticia Universal! ¿Por qué debe responder por una leche que él jamás derramó, por unas balas que nunca disparó?

Otro hecho de importancia que se cita en las siguientes páginas es reconocer que de la estadística se ha abusado en este caso: recién sucedieron los hechos se hablaba de 15 asesinatos, luego de 30, después de 49; incluso, el juez promiscuo de aquella época en Mapiripán, Leonardo Cortés Novoa, dijo haber visto que 26 personas fueron ejecutadas salvajemente en el matadero. Y ahora, la Fiscalía ha descubierto falsas víctimas en este episodio. Por su parte, el jefe paramilitar *Mancuso* afirmó, en el año 2012, que los muertos no habían sido más de 10, dato este que coincide con el último reporte oficial de la Unidad de Justicia y Paz de la Fiscalía, fechado en octubre de 2011.

Lo único cierto y tangible es que el Inspector de Policía de Mapiripán, Luis Hernando Prieto, el domingo 20 de julio de 1997 lideró personalmente el levantamiento de 3 cadáveres que fueron encontrados decapitados. Por eso recobra importancia la declaración fechada el 24 de noviembre de 1997, que bajo la gravedad de juramento rindió el Teniente de la Policía Nacional y Jefe de la Seccional de Policía Judicial de San José del Guaviare, Óscar Orlando Ruiz Castro, quien llegó a Mapiripán el 21 de julio del mismo año y confirmó con sus propios ojos que en el matadero descrito por el Juez, *no habían rastros de sangre, ropa ni de nada*[1].

El pensamiento maquiavélico del esquema de defensa del General Uscategui ha quedado en evidencia, mediante declaraciones hechas, en el sentido de que mi extradición se justifica, entre otras razones, porque yo poseo información crucial que lo pudiera exonerar a él. El General ama los sofismas. Lo único que puedo decir a su favor, es que es muy elegante en su vestir.

---

[1] Declaración rendida por el Teniente de la Policía Óscar Orlando Ruiz Castro ante el Juzgado Once de Instrucción Penal Militar. Batallón Joaquín París. San José del Guaviare. 24 de noviembre de 1997. Juez Militar José Vicente Gómez Garzón.

PARTE I

El Lado Claro De La Verdad

"En su poder siempre estuvo la posibilidad de salvar a Mapiripán.
Faltó decisión y mayor interés."

EL DESTINO ES UN CAPRICHO

Mapiripán, 15 al 20 de julio de 1997

"El hombre nació en la barbarie, cuando matar a su semejante era una condición normal de la existencia. Se le otorgó una conciencia. Y ahora ha llegado el día en que la violencia hacia otro ser humano debe volverse tan aborrecible como comer la carne de otro".

Martin Luther King (1929–1968)
Religioso estadounidense.

Aquella mañana los perros empezaron a ladrar furiosamente y despertaron a Leonardo. El joven juez abrió los ojos, aunque no se movió de la cama para no despertar a Rosario, su mujer. Su mente empezó a dar vueltas. Algunos días antes se habían marchado del pueblo con sus familias el alcalde, el tesorero y el secretario municipal.
—Habrán ido de vacaciones —se decía en el bar.

Cuando empezaron las furiosas patadas contra la puerta y saltó bruscamente de la cama, Leonardo quiso creer que se trataba de soldados del Batallón Joaquín París, mientras el estrépito despertó a Rosario y a los cuatro hijos.

Entonces, abrió la puerta y comprendió que no era como había creído.
—¿Usted es el juez? —le preguntó un hombre que cargaba una ametralladora AK47 sobre la espalda y llevaba el brazalete rojo de las autodefensas. No bastó la respuesta afirmativa de Leonardo. Sin añadir palabra, el individuo armado penetró en la casa y, junto a otro bandido vestido con ropa de camuflaje, comenzó a sacar los cajones y a abrir las puertas del aparador.

El que parecía ser el jefe le exigió al juez que le entregara la llave de la casita que hacía las veces de juzgado. —¿Tiene otra copia? —No —respondió instintivamente Leonardo. Esa mentira podría costarle la vida, pero pensó que no podía perder la única posibilidad que le quedaba de defender a la gente de Mapiripán. En el juzgado se hallaba uno de los pocos teléfonos del pueblo, desde el cual habría podido pedir auxilio a San José, a Villavicencio e incluso a Bogotá.

—Mientras estemos en el pueblo no se le ocurra entrar en el juzgado. Ordenó el paramilitar.
—Pero yo tengo que administrar la justicia, —le dijo el juez.

El hombre lo fulminó con la mirada:

—¡Ahora la justicia la administramos nosotros!

Nadie los vio llegar, pero con las primeras luces del alba los campesinos de Mapiripán comenzaron a advertir las figuras de un ejército de ocupación en sus calles de barro color carmín. Uniformes militares de campaña, boinas, cananas y fusiles emergieron desde la semioscuridad ante la sorpresa de los habitantes que se aprestaban a trabajar en el campo o en sus pequeños negocios.

"Abrí la puerta de mi casa a las 6 de la mañana y ahí estaban, los vi y pensé: llegó el Ejército, pero se me hizo extraño el armamento que tenían, era diferente, fusiles R–15 y cartucheras amarillas de cuero".

Así recordó Saúl Soto, el barbero del pueblo, su primer encuentro con las Autodefensas Unidas de Colombia (AUC), que en la mañana del martes 15 de julio de 1997 se tomaron la población de Mapiripán. Soto contó que cuando iba a abrir la barbería alguien le dijo: "¡Esos son los *masetos*, los paramilitares!".

Ofelia Ramírez, empleada de la Alcaldía, también evocó ese momento: "… Me levanté y ahí estaban, patrullando y requisando los negocios. Pasaban por todas las casas, hacían levantar la gente y les decían: somos los *masetos* del Golfo de Urabá y de Córdoba".

Lo que siguió después fueron cinco días de abuso, angustia y terror que marcaron la llegada de los paramilitares al departamento del Meta. La población fue cercada. Empezaron a seleccionar a sus víctimas desde el martes 15 de julio hasta la madrugada del domingo, Día de la Independencia de Colombia. Y de esta manera, el destino de los mapiripenses quedó al capricho de los delincuentes.

Los aproximadamente 150 paramilitares se dividieron en más de 10 grupos que no sólo patrullaron las calles, sino que acamparon en sitios como el aeropuerto, la salida a Villavicencio, la planta eléctrica, la plaza de mercado, el matadero, Telecom y el puerto fluvial.

Por la noche no dejaban prender la luz. Obligaron al operario de la planta a que no bajara las cuchillas. Sólo quitaban los alumbrados públicos. La gente se encaletaba en las casas y desde adentro se oía que sacaban a personas de sus viviendas. Gritos de auxilio y de angustia se escuchaban en la oscuridad.

Los habitantes aseguran que se llevaron a más de 15 personas, las degollaron y las arrojaron al río Guaviare.

Sin embargo, el Inspector de Policía, Luis Hernando Prieto, realizó tres levantamientos. Las víctimas en el casco urbano de Mapiripán, todas con la cabeza separada del cuerpo, fueron José Ronald Valencia, despachador de aviones en el aeropuerto; Sinaí Blanco, propietario de varias lanchas y expendedor de combustible, y Antonio Barrera, "Catumare", dueño de una residencia y de una discoteca.

Cientos de personas se marcharon presurosas por vía aérea y fluvial ante las amenazas que dejaron los paramilitares pintadas en las paredes del pueblo: "Fuera la guerrilla del Meta". "Mueran las Farc[2] y el Eln[3]".

Tras la salida del grupo armado ilegal de Mapiripán, sus integrantes se dirigieron a la Inspección de la Cooperativa, donde cometieron otros asesinatos.

---

[2]   Fuerzas Armadas Revolucionarias de Colombia.

[3]   Ejército de Liberación Nacional

ESCUELA MILITAR DE CADETES
GENERAL JOSÉ MARÍA CÓRDOVA
Bogotá, 1978

"Esto es una cadena de mando y va hacia arriba, no hacia abajo; usted se queja conmigo, yo a mi oficial superior y así sucesivamente... yo no me quejaría ante usted. Ni delante de usted".

Salvando al soldado Ryan.

La entrada principal de la Escuela Militar de Cadetes General José María Córdova, en Bogotá, está dominada por una hermosa torre parecida en su forma al siempre imponente Arco del Triunfo parisino y cuyo color rojo ladrillo hace que tenga una ligera semejanza con el arco triunfal de la ciudad de Barcelona, en España. Una vez que se cruza esa línea imaginaria, un busto de Bolívar, gigantescas banderas, hermosos edificios coloniales y un majestuoso campo de paradas en césped, enamoran, atraen y cautivan a cada visitante e inquilino.

En ese claustro sagrado e inolvidable se forma el perfil profesional de los hombres y mujeres que lideran cada nivel de la fuerza terrestre. Todo oficial del Ejército Nacional sabe que ese lugar es la cuna de nuestras nostalgias, el altar de los desafíos y el templo del ejemplo. De allí se sale para servir y amar incondicionalmente a Colombia.

El 6 de febrero de 1978, un grupo aproximado de seiscientos jóvenes de mi generación nos enlistamos en las filas de la Escuela Militar de Cadetes. La gran mayoría llegamos vestidos de corbata. El entusiasmo y la ansiedad por lucir los uniformes militares eran notorios en cada uno. Después de una emotiva y breve ceremonia de incorporación, nos despedimos desde la distancia de nuestros seres queridos y de inmediato iniciamos nuestro ciclo de acomodamiento a la vida militar.

En ese numeroso grupo la mitad de los hombres eran bachilleres y se conocían por el remoquete de "recabros", ellos integraron las compañías Anzoátegui y Girardot, la otra mitad que entraba a terminarlo formaba en las compañías Galán y Ricaurte, éramos apodados "ovejos" o "teteros". Y de todos estos solamente 13 alcanzarían el grado de General[4] de la República.

La primera actividad que debimos atender los nuevos cadetes fue memorizar todos los nombres de nuestros inmediatos superiores, un concepto que llamamos "Canal de Mando" o "Línea de Mando".

El Brigadier General Bernardo Lema Henao (q.e.p.d.) de espeso bigote fungía como nuestro director militar, poseía un perfil carismático, miliciano, era bajo de estatura pero robusto y en su ronca voz había una gran convicción institucional cada vez que nos hablaba. Después de él, fue nombrado otro director, el inolvidable señor Brigadier General Nelson Mejía Henao (q.e.p.d.), alto, robusto, un militar enamorado como ninguno del Ejército Nacional, el más noble que jamás conocí, y quien se mostraba siempre entusiasmado con la idea de elevar el nivel profesional de la institución. Nuestro Comandante de Compañía fue el Capitán Plinio Libardo Correa, un bravucón del arma de Caballería (ver anexo), delgado y exigente. El teniente Almario Duarte (q.e.p.d.) se desempeñó como mi Comandante de pelotón y no he olvidado la cara de mi Comandante de Escuadra, el alférez Ramiro Rueda Mendoza (q.e.p.d.).

---

[4]   Brigadier General (BG) Juan Pablo Amaya Kerquelen, BG. Alfredo Bocanegra Navia (q.e.p.d.), BG. Orlando Delgadillo Giraldo, BG. Ricardo Gómez Nieto, BG. Fernando Joya Duarte (q.e.p.d.), BG. Alberto José Mejía Ferrero, BG. Eliécer Pinto Garzón, BG. Germán Saavedra Prado, BG. Jairo Salguero Castro, BG. Guillermo Arturo Suárez Ferreira, BG. Jorge Eliécer Suárez Ortiz, BG. Henry William Torres Escalante, y BG. Juan Bautista Yepes Bedoya.

Todos ellos contribuyeron en mi formación militar de la que ya tenía cimientos en mi hogar, pues en esa época mi padre era militar activo en el grado de Teniente Coronel.

Cuando me gradué de Subteniente del arma de Infantería, en uno de mis tantos traslados fui seleccionado para pertenecer al pelotón de contraguerrillas de la Octava Brigada de Armenia. Nos entrenamos en el intenso frío de Manizales (en el departamento de Caldas) y finalmente fuimos agregados a la calurosa Novena Brigada de Neiva, en el Huila.

En 1983 supimos de una emboscada que las Farc habían perpetrado contra una columna motorizada del Ejército en el sitio La Ruidosa, en el departamento de Caquetá.

Nuestra contraguerrilla se encontraba relativamente cerca, en Resinas, Huila, así que fuimos los primeros en llegar al lugar, que no era más que una desolada carretera destapada construida en medio de las montañas de la Cordillera Central.

El ataque había ocurrido sobre la ruta principal que une al Caquetá con el Huila y a este último con el resto del país. Los vehículos verdes de caballería habían sido destruidos con explosivos puestos en la vía y el conteo de bajas se desconocía. Serían quizás las 9 de la noche, todo el tránsito estaba detenido.

Con aquellos maravillosos y comprometidos soldados hicimos un reconocimiento sobre la ladera y encontramos, bordeando la vía, numerosas trincheras preparadas por los subversivos, todas con horquetas de madera para afinar su puntería. En una de esas improvisadas fosas habían quedado abandonados los cadáveres de dos jóvenes guerrilleros.

Subimos varios metros más y entre la semiespesa jungla encontramos el cuerpo de un militar…, su cabeza estaba clavada en la tierra y sus piernas mutiladas… Fue muy triste el hallazgo. De inmediato lo pusimos en una posición honorable y al verle la cara me encontré nuevamente con quien fuera mi comandante de escuadra en la Escuela Militar: ¡se trataba del señor Teniente[5] Ramiro Rueda Mendoza (q.e.p.d.)! Él había sido el primer superior en mi primera línea de mando. ¡El impacto de la cobarde carga explosiva lo había desplazado por el aire más de 100 metros y terminó con su valiosa vida de forma instantánea! Llevaba en su cuello una cadena de oro y un dije cuya figura no recuerdo. Cuando llegaron por el sur tropas de apoyo enviadas desde Florencia (Caquetá), le entregué esa valiosa prenda al Teniente Rivillas, él quedó a cargo de las escasas pertenencias del teniente y del cuerpo inerte de otro héroe militar, que incondicionalmente murió sirviendo a la Patria.

Canal de Mando

En el Ejército, la línea de mando canaliza la comunicación mediante un subsistema llamado Conducto Regular, éste le permite a cualquier soldado o comandante dirigirse al superior inmediato en caso de algún incidente o por mera necesidad, con la confianza y seguridad de que sus reportes o solicitudes serán escuchadas, atendidas y resueltas en el menor tiempo posible.

Hay un interesante ejemplo de este tipo en la época de la Segunda Guerra Mundial. Robert Oppenheimer, conocido como el padre de la bomba atómica, lideró el desarrollo de ésta en el proyecto Manhattan. Hombre de mente brillante y pensador liberal, Oppenheimer fue considerado comunista por los servicios secretos y, en consecuencia, fue vigilado celosamente por el FBI.

De él se escribían reportes preocupantes en una época en la que se pensaba que Rusia atacaría a Estados Unidos con ese tipo de tecnología. Pero la realidad era otra: Oppenheimer era un gran patriota, amaba a su nación estadounidense y ello motivó a un militar que lo conocía, a intentar compensar los negativos rumores.

---

[5]   El Ejército Nacional honró su memoria creando el batallón de combate terrestre N.º 93 CT. Ramiro Rueda Mendoza.

"El almirante William Deke Parsons, intentando ayudar a
que no se desprestigiara a Oppenheimer[6] dijo a su esposa muy
preocupado, que tenía que hablar con el Comandante de la
Armada para obtener cita con el presidente Ike Eisenhower;
su esposa le recordó que siendo almirante por qué no lo hacía
de manera directa. Él le contestó, no, mi jefe es el Secretario
de Defensa y no puedo pasar por su lado, o ignorarlo". 4 de
diciembre de 1953.

En el anterior comentario está reflejado, de manera nítida, el concepto
de conducto regular.

Al aplicar ese sagrado principio de la línea de mando, o conducto
regular, pronostiqué el 15 de julio de 1997 la masacre de Mapiripán
al General Uscátegui, quien era mi Comandante de Brigada, y como
procedimentalmente nunca se ignora al jefe inmediato, no reporté la
novedad al escalón de mando siguiente porque esa era la tarea de él, no
la mía.

La brillante carrera del General Uscátegui terminó por no aplicar ese
elemental principio. Desconozco las razones por las cuales él cortó la
línea de mando y se autoconsideró el final, cuando por dogma debió haber
coordinado urgentemente una acción militar con su canal inmediato,
que era la Cuarta División del Ejército Nacional.

Otros factores que contribuyeron a complicar la situación profesional
del General fueron su frialdad para ocultar la verdad a los investigadores,
inundar el caso con pruebas irrelevantes y su falta de dinamismo, que
se reflejaría en ausencia total de dirección en el momento más crítico
de una emergencia pública reportada con anticipación y que se estaba
incubando en zona de su responsabilidad militar.

---

[6]   Ampliar información en Bird, Kai & Sherwin, Martin J. (2005). *American
Prometheus: The Triumph and Tragedy of J. Robert Oppenheimer*. New York: Random
House, Inc.

BASE MILITAR DE LAS DELICIAS

Putumayo, 1988–1990

"En la montaña o en la selva,
en el éxito o la desilusión,
en el servicio o en el retiro,
¡la Patria y la Institución,
se llevan en el corazón!"

Hoc.

Mirando desde la ribera del río Caquetá, el Ejército se encuentra ubicado arriba a la derecha y la población civil a la izquierda. La base militar está edificada rústicamente sobre una loma con muchos árboles, a la orilla del caudal. Las viviendas civiles construidas en madera y techo de zinc se localizan al otro lado; soldados y colonos permanecen separados al norte por una leve hondonada y al sur por una planicie.

La cancha de fútbol está situada en el centro de la población, recuerdo que su grama era verde y exuberante, espesa y de gran calidad. El equipo de balompié de esa localidad, que tenía excelentes jugadores, recibió del Ejército unas finas redes para cubrir las porterías, eran cuadrículas blancas de paracaídas militares dados de baja de los inventarios y fueron enviadas desde la Escuela de Paracaidismo[7] ubicada en Tolemaida.

---

[7] Obsequio del hoy Brigadier General Miguel Ernesto Pérez Guarnizo, un extraordinario profesional, cuando en el grado de Capitán se desempeñaba como Comandante de la Escuela de Paracaidismo del Ejército y quien había trabajado dos años en la Escuela de Colonización Militar en La Tagua, departamento del Putumayo.

Las noches en Las Delicias no hacían honor al nombre de la población, eran absolutamente oscuras y las estrellas por millares decoraban el firmamento, el silencio solía ser dominante.

De día el calor y la humedad sofocaban el ambiente, no había electricidad en el área, tampoco teníamos un generador, pero como es típico en esas regiones, por fortuna el viento nunca escaseaba.

Había un punto en la base, una pequeña trinchera con techo de palma desde donde se dominaba el sector y se podía admirar la imponencia del río. A simple vista se observaba la manera perniciosa como sus aguas color marrón se dirigían hacia el oriente, pero con una mirada más atenta se podía percibir que la corriente de esas aguas era, y debe serlo aún, poderosa.

Desde ese lugar acostumbraba a realizar todos los días los programas radiales con el Comandante de mi Batallón. Como lo he dicho en el capítulo anterior, un militar, especialmente si está desplegado en una sensible zona de orden público, siempre tiene claro cuál es la línea de mando de la que depende. Los militares colombianos trabajamos, en promedio, dos años en una repartición castrense antes de salir trasladados a otra, lo que implica aprender esos nombres desde que se llega y actualizarlos si hay cambios.

En esa zona del Putumayo, los abastecimientos de alimentos, intendencia y municiones se repetían una sola vez al mes. En una ocasión nos llegó a cada uno un rosario repartido por el Comando del Ejército y allí aprendí a rezarlo cada día, incluso en mi familia, en la actualidad, lo rezamos en latín. Por aquellos días tenía suficiente tiempo para crecer espiritualmente en mi fe católica y esta tendencia ha sido inagotable a lo largo de mi vida.

Para mantener el ánimo en alto y sobrevivir en esos lugares, en donde uno sabía que los refuerzos militares eran demorados, por no decir casi imposibles, se hacía necesario mantener a la tropa ocupada en actividades administrativas y operativas. Por eso, como medida disuasiva, con mucha frecuencia ensayaba los planes de defensa disparando el fusil y lanzando algunas granadas en la mismísima penumbra de la noche. Para complementar nuestra estrategia se efectuaban frecuentes reconocimientos en mediana profundidad para evitar ser sorprendidos por la guerrilla. La rutina se combatía con iniciativa, que se mantenía a toda costa, cada minuto, cada día, para garantizar seguridad, protección y fortaleza.

Trabajé en el Putumayo 24 meses. En aquella época se volaba a Puerto Leguízamo haciendo primero una escala en Neiva. Los versátiles aviones Casa C–212 de Satena[8] aterrizaban bruscamente sobre una malla de acero que se usaba como pista. Llegué a La Tagua cuando aún existía la Escuela de Colonización Militar que se transformó poco después en el Batallón de Selva N.° 49 Solarte Obando. El casino de Oficiales estaba muy bien construido, mi habitación quedaba en el ala derecha y era la última a mano izquierda. Recuerdo que el cielo raso tenía un amplio hueco por donde salía un pequeño murciélago cada día justo a las 5 a.m., cuando llegaba la luz eléctrica. Allí dormía la oscura noche del 18 de agosto de 1989 cuando lloré amargamente, sentado en el borde de mi cama, el magnicidio del líder liberal y candidato presidencial Luis Carlos Galán Sarmiento (q.e.p.d.).

En Puerto Leguízamo conocí a dos Jueces Militares Navales muy competentes cuyos nombres he olvidado, pero sus caras no, también interactué con un nutrido y maravilloso grupo de Oficiales de la Armada Nacional, quienes eran orgánicos de la Fuerza Naval del Sur, e hice amistad con un Capitán de Infantería de Marina muy capaz e inteligente, Héctor Walton.

En el puerto fluvial de La Tagua permanecía disponible la estratégica embarcación de la Armada de la República de Colombia ARC Hichamon, uno de sus Comandantes fue el intuitivo y entusiasta Teniente de Corbeta Martínez; en esa bellísima región viví experiencias maravillosas y me quedaron recuerdos imborrables.

---

[8]   Servicio a Territorios Nacionales. Aerolínea comercial administrada por la Fuerza Aérea Colombiana.

Fundé la Base Militar de Las Delicias en 1990, en el grado de Capitán, cuando el Batallón de Selva Solarte Obando envió mi Compañía de Infantería a controlar las elecciones presidenciales, que en aquel año ganó el candidato César Gaviria Trujillo. A partir de esa fecha, el Ejército se posesionó de esa ribera del río Caquetá y envió más unidades militares.

El 31 de diciembre de 1990 salí trasladado a otro Batallón en Bogotá, a vivir el ambiente de la ciudad y a recuperarme del paludismo que adquirí en las selvas del Putumayo.

Seis años después, la guerrilla de las Farc asaltó[9] la Base Militar de Las Delicias, asesinó a 31 militares y secuestró a 60 más.

Este hecho, ocurrido en el sur del país, estaría vinculado indirectamente con uno lamentable que acontecería en el centro–oriente de la nación: La masacre de Mapiripán.

---

[9]   El ataque se realizó el 30 de agosto de 1996, ese día las Farc ejecutaron cerca de 22 asaltos simultáneos en todo el país.

BATALLÓN DE INFANTERÍA JOAQUÍN PARÍS

San José del Guaviare, 1997

"Si sois prudentes observaréis atentamente a los hombres,
para que no os oculten lo que piensan".

Solón

E n enero de 1997, mientras ostentaba el grado de Mayor de Infantería, llegué a la ciudad de San José del Guaviare. El clima cálido de la tarde en que arribé estaba acompañado de una agradable brisa. Había sido nombrado como Ejecutivo y Segundo Comandante del Batallón París, el oficial que en una unidad militar típica se encarga de la disciplina y dirige el esfuerzo logístico administrativo, era el filtro por donde pasaban todas las instrucciones del Comandante del Batallón y de la Brigada 7. En consecuencia, el tiempo jamás era suficiente para cumplir con todas las actividades, vivía constantemente ocupado garantizando el funcionamiento de la unidad, esa es una realidad que se asume con el cargo en cada unidad militar.

Esta era la segunda vez que llegaba al Guaviare, pues en 1986, en el grado de Teniente, había estado allí cuando pertenecía al Batallón Aerotransportado Serviez, de Villavicencio, que tenía una compañía de fusileros permanentemente en esa ciudad, la misma ocupaba un estrecho lote contiguo al viejo hospital, a orillas del majestuoso río Guaviare.

Cuando salí del Guaviare en 1986, ninguna de las calles de su capital estaba pavimentada, en invierno todas eran un barrizal, casi un jabón. Al regresar, en 1997, encontré la mayoría de sus vías urbanas ya construidas en concreto y una carretera asfaltada que une la ciudad con las nuevas instalaciones del Batallón París.

En los años 80, el aeropuerto consistía únicamente en un techo, largo como un acordeón estirado. En 1997 ya estaba terminado, la pista perfectamente pavimentada y la Base Antinarcóticos edificada a un lado del terminal. La ciudad había cambiado para mejorar y el comercio ya era más nutrido. San José es una despensa que abastece a las poblaciones y áreas del interior del departamento del Guaviare, es polo de desarrollo y su empuje es visible a simple vista. El narcotráfico tiene una altísima influencia en toda esta vibrante realidad y la guerrilla también se beneficia de la disfuncional ciudad a la que utiliza como una de sus bases de apoyo.

Al ingresar a las nuevas instalaciones del Batallón París me encontré con unas construcciones modernas, cómodas e imponentes, no estaban todas terminadas pero eran suficientes para realizar las labores típicas de un soldado.

Recuerdo con claridad que el día que llegaba a San José del Guaviare, las últimas unidades logísticas de la Brigada Móvil 2 salían con destino al sur del país. Todos se habían ido al Caguán, en el Caquetá, a rescatar a los 60 soldados secuestrados en la Base Militar de Las Delicias, en el Putumayo.

PARTE II

El Lado Oscuro Del General

*"Hay hombres que cavan fosas comunes en su conciencia,
y en ellas pretenden sepultar sus más oscuros remordimientos.
El investigador con su conocimiento los exhuma,
y en ese desentierro rescata para la sociedad
los valores fundamentales de la justicia y la verdad."*

Teniente Coronel Hernán Orozco Castro.
Consejo Verbal de Guerra. Bogotá, diciembre de 2000.

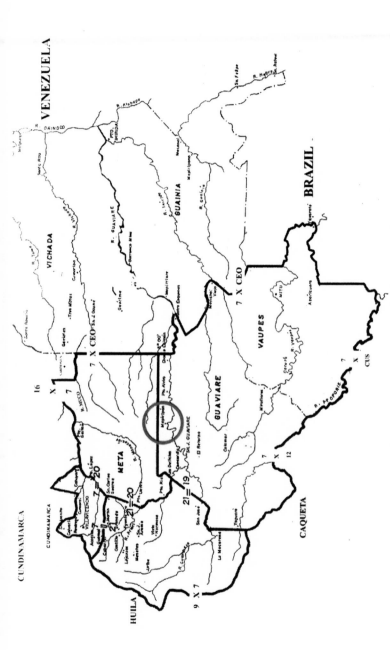

Jurisdicción oficial de la BR7 – *perímetro líneas gruesas META / GUAVIARE / VAUPES* - cuyo Comandante en 1997, era el BG. Uscátegui. En el mismo centro – círculo - de su zona de responsabilidad militar, está el municipio de Mapiripán. Toda esta área fue legalmente asignada por la Cuarta División a la BR7 mediante Disposición número 001 de 1996. **7 X CEO** significa que todo el territorio de la derecha pertenece al Comando Específico del Oriente y el de la izquierda a la Séptima Brigada. **21 = 19** significa que el territorio a la izquierda pertenece al Batallón de Infantería 21 VARGAS y el de la derecha al Batallón de Infantería número 19 PARÍS. Mapiripán pertenecia al batallón Paris y por consiguiente a la BR7 también.

BRIGADA MÓVIL 2

San José del Guaviare, 1996–1997

> El General Uscátegui argumenta que no tiene responsabilidad en la
> masacre de Mapiripán, porque sencillamente ese municipio no estaba
> bajo la jurisdicción de su Brigada; además, ha invocado como excusa el
> concepto militar del Mando Operacional. Este capítulo lo desmiente.

"Ápices juris non sunt jura" (las sutilezas jurídicas no son el derecho).

"Disputar con las argucias del derecho,
no se concilia con la buena fe".

E l Gobierno Nacional de la época, preocupado por la altísima
influencia del narcotráfico en los departamentos del Guaviare
y del Vaupés, entre otros, decidió ejecutar un plan integral que
buscaba sanear la región.

Cuando la intención presidencial llegó al Comando General de las
Fuerzas Militares, se diseñó un interesante plan al que se bautizó con
el nombre de "Operación Conquista". Al Comando del Ejército le
correspondió agregar la Brigada Móvil 2 (Brim2) a la Cuarta División
que funciona en Villavicencio. Esta combativa unidad, liderada por el
Brigadier General Carlos Ospina Ovalle, viajó directamente a San José
del Guaviare y **tomó el mando operacional del Batallón París**, como
también de las demás unidades castrenses.

Por obvias razones, este Comandante de rango superior asumió el control
y la dirección de todas las operaciones de las unidades del Ejército y de
la Armada para cumplir el objetivo impuesto: atacar y debilitar todas
las zonas del narcotráfico en el Guaviare y los demás departamentos
circundantes. Este Mando Operacional, de acuerdo con la doctrina
militar, fue una realidad transitoria, "nunca permanente", motivo por el

cual puedo aseverar con total certeza, que **el Batallón París jamás dejó de pertenecer a la Séptima Brigada (BR 7).**

En otras palabras, la Séptima Brigada, del General Uscátegui, se abstuvo de controlar directamente las operaciones militares del Batallón París y no volvió a emitir órdenes de carácter táctico porque esa responsabilidad la asumió el General Ospina, cuando asentado en el Guaviare ejecutó todas las operaciones que él mismo planeaba con su Estado Mayor. La Séptima Brigada continuó manteniendo una relación administrativa permanente con el Batallón París, nunca lo soltó de la mano, jamás lo abandonó y tampoco dejó de ser Comando Superior Directo.

Para el Batallón París estaba muy claro, en el tiempo y en el espacio, que durante el segundo semestre de 1996 la Brigada Móvil 2 se constituyó en la autoridad desde donde se recibían instrucciones operativas y tácticas; y la Séptima Brigada, donde se originaban las instrucciones y requerimientos administrativos.

En el marco de la "Operación Conquista", a partir de junio–julio de 1996 aproximadamente, la Móvil 2 adelantó exitosas operaciones contra el narcotráfico y el efecto inmediato de esta etapa de desnarcotización social fue una revuelta de cultivadores de coca que, instigados por la guerrilla, terminó en serios disturbios en la zona de operaciones del Guaviare.

Cuando la Brigada Móvil 2 se encontraba operando en la profundidad de las selvas de este departamento y del Vaupés, las Farc ejecutaron alrededor de 22 ataques simultáneos en diferentes lugares y poblaciones del país. El 30 de agosto de 1996, 60 soldados fueron secuestrados en la Base Militar de Las Delicias, en el Putumayo.

Meses más tarde, la ansiedad natural del Comandante de las Fuerzas Militares, General Hárold Bedoya, era la de recuperar a estos hombres que continuaban capturados por las Farc. Entonces se decidió cambiar el objetivo que tenía la Brigada Móvil 2, atacar fuentes del narcotráfico, y pasar a una operación de liberación[10].

---

[10]   Así lo estableció la Orden de Operaciones N.° 005 LIBERTAD emitida por el Comando de la Cuarta División del Ejército el 17 de octubre de 1996. Villavicencio, Meta.

A finales de diciembre de 1996, la mayoría de los Batallones de Contraguerrillas de esta importante Brigada Móvil 2 se encontraban operando en el área del Caguán, en el Caquetá. En plena época de Navidad, la "Operación Conquista" se quedó sin su unidad más importante.

Por lo tanto, en esa fecha el "Mando operacional" que la Brigada Móvil 2 tenía sobre el Batallón París, terminó. La lógica indica que no se podía supervisar un Batallón ubicado en el Guaviare cuando se estaba en el Caquetá.

Así que, de manera automática, lo operacional se sumó a lo administrativo en una sola entidad. Ese mando de carácter operativo fue recuperado por la Séptima Brigada, cuyo Comandante era el Brigadier General Jaime H. Uscátegui Ramírez. Éste fue el ambiente militar que encontré y observé en enero de 1997, cuando arribé lleno de proyectos y positivas expectativas al Batallón París. El miércoles 18 de diciembre de 1996, el General Uscátegui había asumido el Comando de la Brigada 7, por lo tanto, cuando me instalé en el Guaviare en enero de 1997, él estaba en mi línea de mando ascendente y el Batallón París estaba en su línea de mando descendente.

Debido a las últimas disposiciones, para febrero de 1997 ya no había ni un soldado de la Brigada Móvil 2 en las instalaciones físicas del Batallón París; y aquí es importante advertir que esta brigada, por ser móvil, ocupaba temporalmente algunos edificios, oficinas y depósitos del Batallón París para alojar, almacenar y administrar sus propios recursos.

Dadas estas circunstancias, pocas horas después de llegar a esa región del Guaviare, por activación natural del concepto del canal de mando, tenía certeza de quién era mi Comandante de Brigada. **Y como no había Brigada Móvil 2, el argumento de Mando Operacional se había extinguido por sentido común militar.** La "Operación Conquista" continuaba sin ellos, así que todas las cuentas operacionales, de inteligencia y administrativas se rendían directamente al comando de Villavicencio: la BR 7.

Una Brigada Móvil típica de la época a que nos referimos (1997) no tenía JPA (Jurisdicción Permanente Asignada), solamente contaba con OMC (Objetivos Militares Concretos). Esto significa que no tenía la responsabilidad de proteger algún municipio.

No sobra advertir que los municipios, históricamente y desde el punto de vista militar, han pertenecido a la unidad del Ejército acantonada de manera permanente en cada región. El de Mapiripán pertenecía en 1997 al Batallón París, por vínculo directo a la Séptima Brigada y a la Cuarta División.

Por carecer de jurisdicción, las Brigadas Móviles (o unidades de élite) fueron concebidas para desarrollar operaciones en profundidad contra objetivos estratégicamente beneficiosos para el Estado. Por consiguiente, adquirían movilidad por no tener pesados e inamovibles elementos logísticos y principalmente por no tener asignado algún municipio. Una fuerza de tal índole podía operar en cualquier área geográfica del país, tácticamente tenía que ser liviana[11] a la hora de cambiar su área operacional. En virtud de esa característica, en diciembre de 1996 fue aerotransportada desde el Guaviare hasta el Caquetá y en el segundo trimestre de 1997 estaba nuevamente de regreso en el Guaviare.

Como los 60 soldados secuestrados no pudieron ser liberados por la vía militar y fueron entregados al gobierno el 14 de junio de 1997, entonces esta importante fuerza de soldados profesionales regresó de nuevo al Guaviare. Y a pesar de estar físicamente presente en la capital del departamento, la Móvil 2 no retomó por segunda vez el mando operacional del Batallón París.

¿Por qué? Porque en esta ocasión, abril–mayo de 1997, los Batallones de Contraguerrillas de la Móvil 2 fueron estacionados en el sitio denominado El Barrancón, lugar donde funciona la Escuela de Fuerzas Especiales del Ejército Colombiano. En ese punto fueron acuartelados por orden directa

---

[11]   Rapidez de alistamiento para salir de un área geográfica con destino a otra.

del Comandante de la Cuarta División, Mayor General Agustín Ardila, con la finalidad de iniciar una exigente fase de reentrenamiento[12].

Una Brigada Móvil 2 desactivada en lo ofensivo por entrenamiento, no podía tener el mando operacional de un Batallón de primera línea que continuaba a la ofensiva en el terreno; por lo tanto, el Batallón París tenía que ser autosuficiente en ese sentido y tomar sus propias decisiones, tanto operativas como tácticas, y mantener canal de comunicación directo con su padre biológico: la Séptima Brigada [13], bajo las órdenes del General Uscátegui.

La razón del reentrenamiento de la Brigada Móvil 2 obedecía a la futura "Operación Destructor II", que se lanzaría en los próximos meses contra el secretariado de las Farc en el área del Meta. Y tanta importancia le había dado el General Ardila Uribe a ese reentrenamiento, que nombró al Mayor Jorge Eliécer Pastrana Polanco[14] para que fiscalizara todo ese proceso.

En su momento, la defensa del Brigadier General ® Jaime H. Uscátegui Ramírez argumentó que él no tuvo ninguna responsabilidad en la masacre de Mapiripán, entre otras razones porque ese municipio no pertenecía a su jurisdicción; al pretender éste alterar y desconocer exigentes y sagrados Principios de Doctrina Militar, manifestó bajo la gravedad de juramento que la unidad militar a cargo del municipio de Mapiripán era la Brigada Móvil 2. Por supuesto, también el Batallón París. Lo que nunca fue visible ni real en la práctica militar, él lo hizo perceptible como un tardío mecanismo de defensa.

Así pues, en noviembre–diciembre de 2000 se realizó el Consejo Verbal de Guerra al General Uscátegui en Bogotá. En su afán y desespero por

---

[12]   Diligencia indagatoria rendida por el señor Lino Sánchez, C.C. N.º 19.209.234, ante Fiscalía, el 5 de abril de 1999.

[13]   Diligencia indagatoria rendida por el señor Lino Sánchez, C.C. N.º 19.209.234, ante Fiscalía, el 5 de abril de 1999.

[14]   Asistente del Oficial de Operaciones de la Cuarta División de Villavicencio adelantado en el Barrancón para supervigilar el entrenamiento de la Brigada Móvil 2, en preparación para la "Operación Destructor II".

librarse de la responsabilidad que siempre ha tenido, optó por formular su propia hipótesis y emitió un teorema geométrico militar según el cual "la inmensa jurisdicción de la Séptima Brigada lo abarcaba todo excepto Mapiripán". ¡Esto es como escucharle decir al Presidente de la República de Colombia que el archipiélago de San Andrés y Providencia no le pertenecen al país! O como si un astrónomo afirmara que el planeta Marte no forma parte del Sistema Solar.

Un hecho jurídico irrebatible, axiomático, incontestable, incuestionable y comprobado durante los 15 años que duró este proceso es que el Brigadier General Uscátegui Ramírez sí tenía bajo su mando la jurisdicción del municipio de Mapiripán y en virtud de lo anterior las leyes y normas constitucionales determinaron que en él se materializaba la figura de garante[15].

En palabras del Magistrado Ponente Álvaro Orlando Pérez Pinzón:

> "En sentido amplio, posición de garante es la situación general en que se encuentra una persona que tiene el deber de conducirse de determinada manera, de acuerdo con el rol que desempeña dentro de la sociedad. Desde este punto de vista, es indiferente que obre por acción o por omisión, pues lo nuclear es que vulnera la posición de garante quien se comporta en contra de aquello que se espera de ella, porque defrauda las expectativas".

La primera autoridad juzgadora en este caso fue la del General Héctor F. Velazco, en su calidad de Comandante de la Fuerza Aérea Colombiana; en ese Consejo Verbal de Guerra su conclusión frente al tema de la Jurisdicción fue la siguiente:

> "Está demostrado con suficiente solvencia que el municipio de Mapiripán se encontraba en jurisdicción de la Séptima Brigada y por ende del Batallón París y que sus Comandantes,

---

[15]   Posición de garante es la situación en que se halla una persona, en virtud de la cual tiene el deber jurídico concreto de obrar para impedir que se produzca un resultado típico que es evitable. Magistrado Álvaro Orlando Pérez Pinzón.

Brigadier General Uscátegui Ramírez y el Mayor Hernán Orozco en calidad de garantes de esa población omitieron cumplir con sus deberes constitucionales[16]".

Por otro lado, nunca he creído en la Justicia Penal Militar colombiana porque carece de independencia, es incompetente y parcializada (excepto por muy pocas y honrosas excepciones); sin embargo, debo decir que de todos los jueces naturales que han instruido este proceso, el más idóneo de ellos en el tema militar, en cabeza del Comandante de la Fuerza Aérea, un General de tres soles, le confirmó al Brigadier General Uscátegui que estaba universalmente equivocado al proponer la absurda tesis de no jurisdicción sobre Mapiripán.

El sofisma de la no jurisdicción solamente es válido en la imaginación del General Uscátegui, la realidad de la línea de mando sustentada en la cotidianidad de nuestras frecuentes comunicaciones, documentos militares y deducciones legales, lo contradice.

El Tribunal Militar no fue la única instancia que de tajo rechazó los argumentos del señor General. La conclusión de la Procuraduría General de la Nación fue del mismo calibre:

> "Es así que sobre el particular concluye que la Séptima Brigada del Ejército, para el mes de julio de 1997" (...) tenía responsabilidad militar sobre el municipio de Mapiripán (Meta) (...)" Esta misma posición resulta coherente con la declaración rendida mediante certificación jurada por el General Carlos Alberto Ospina Ovalle[17]".

Y el concepto de la Fiscalía[18] tendría la misma dimensión nuclear:

---

[16]   Sustentación Procurador 18 Judicial II Penal, pág. 17, 27 de diciembre de 2007.

[17]   Sustentación Procurador 18 Judicial II Penal, página 17. 27 de diciembre 2007.

[18]   Recurso de apelación del Fiscal Nelson H. Casas P. Fiscal 7 Especializado UNDH–DIH (Unidad Nacional de Derechos Humanos–Derecho Internacional Humanitario).

"… para el momento de los acontecimientos del 12 al 21 de julio de 1997 era lo suficientemente claro que el Batallón Joaquín París, al mando del señor Mayor Hernán Orozco dependía operacional y administrativamente de la Brigada Séptima al mando del señor General Jaime H Uscátegui Ramírez. Veamos que el señor Brigadier General Uscátegui Ramírez, sí ostentaba el mando operacional sobre las tropas del Batallón Joaquín París y por ende tenía jurisdicción en el municipio de Mapiripán del Departamento del Meta".

Continúa sustentando la Fiscalía:

"…simple y llanamente porque para la fecha del 15 al 20 de julio de 1997 la Brigada Móvil 2 no tenía jurisdicción en Mapiripán. Mucho se ha dicho de la jurisdicción que tenía la Brigada Móvil Dos pero las Brigadas Móviles no tienen jurisdicción como tal, ellas son enviadas a dar apoyo específico en un área específica según el orden público del lugar… Está claro que entre el 14 y el 20 de julio de 1997 el Brigadier General USCÁTEGUI RAMÍREZ se desempeñaba como Comandante de la Séptima Brigada… que ejercía jurisdicción sobre Mapiripán… que sobre ese municipio… le asistía el deber ineludible de defender la vida, bienes, derechos y libertades de sus pobladores".

Por su parte, la Procuraduría General sancionó al General con separación absoluta[19] de las Fuerzas Militares por los mismos hechos:

¿Es necesaria más evidencia, pruebas y testimonios, más declaraciones y conceptos técnicos u opiniones erradas de personalidades como Gustavo Petro[20], o peritaje adicional para concluir que el General Uscátegui ha

---

[19]   En el fallo de única instancia proferido por la Procuraduría General de la Nación el 24 de abril de 2001, expediente N.° 001–24269/99.

[20]   El 19 de septiembre de 1996 el entonces senador Gustavo Petro manifestó que el General Uscátegui no tenía jurisdicción sobre el municipio de Mapiripán y denunció que su caso era una injusticia. Video recuperado de http://www.youtube. com/watch?v=dchRIU1fq1o

mentido durante 15 años con la única finalidad de ocultar su error de dirección?

Y es en su obstinación, en su pesado anhelo de convencernos a todos de que él y sólo él tiene la razón, en la que el recuerdo de una lectura me habilita para comparar la intransigencia del General Uscátegui como igual a la del ministro de Propaganda de Hitler, Paul Joseph Goebbels, de quien se decía:

> "Poseía una personalidad basada en el cinismo, impulsiva y dominante, abiertamente manipuladora e incisiva, gustaba del protagonismo y era poseedor de un carácter muy temperamental. Una de sus máximas preferidas para definir las mentiras que según él decían los judíos era: **una mentira mil veces repetida… se transforma en verdad**".

En ese negativo reflejo de la época nazi se ha convertido el impetuoso General Uscátegui, en su afán de venderle a la opinión pública la idea que *él* es inocente, por NO tener jurisdicción, en un municipio sobre el cual SÍ tenía responsabilidad funcional. Lo ha dicho un millón de veces, y esa falsa realidad se ha convertido para muchos ingenuos en una mítica verdad.

Por lo tanto, y para que Gustavo Petro conozca la frialdad con que el General Uscátegui se ha burlado de él, también del Presidente de la República, Juan Manuel Santos, y de todos los colombianos, los invito a que lean dos documentos firmados por el mismo General, ambos se encuentran transcritos desde la página 110 de este libro; el primero[21] es una respuesta que el Brigadier General le envió a la Procuraduría Provincial de Villavicencio el día 9 de agosto de 1997, veinte días después de la masacre, en ella el señor Uscátegui acepta la Jurisdicción del Departamento del Meta, el control y el mando operacional del Batallón París y la existencia del municipio de Mapiripán como parte integral de toda su autoridad militar en esa Brigada. Ese documento especial, identificado brevemente con el número de archivo 4730, no

---

[21] Oficio N.º 4730–BR7–CDO–256. Respuesta sobre hechos Mapiripán. Villavicencio, 5 de agosto de 1997.

cita para nada a la Brigada Móvil 2 como la Unidad Operativa Menor responsable del Batallón París.

Dos semanas después de la tragedia de Mapiripán, el General preparaba respuestas y despachaba informes que evidenciaban su condición de garante de ese municipio; pero repentinamente su discurso dio un giro de 360° y de la noche a la mañana se ratificó Comandante Oficial de todos los municipios del Guaviare, Meta y Vaupés, excepto del minúsculo municipio de Mapiripán.

Al no encontrar plena justificación a su falta de gestión, el General tomó la decisión de auto enajenarse y tres años después, en el año 2000, durante el desarrollo del Consejo Verbal de Guerra, se dio cuenta un poco tarde que él no era el Comandante Militar para el municipio de Mapiripán. ¡Esto es como si el General Uscátegui hubiera afirmado que Leticia le pertenecía al Perú y no a Colombia!

Pero lo relatado anteriormente no es nada frente a los conceptos expuestos en el segundo documento [22] firmado por el General Uscátegui, el Oficio N.° 01113, enviado al Mayor General Comandante del Ejército Nacional el día 19 de noviembre de 1997, cuatro meses después de la masacre, ese histórico manuscrito termina con una elocuente **afirmación** que corrobora su responsabilidad y explica los temores que tanto inquietan al señor Oficial:

> "Ratifico una vez más que ninguna de las tres entidades anteriormente referidas y que fueron destinatarias de la noticia, por parte del funcionario judicial de Mapiripán, a su vez, hicieron conocer —ni siquiera a la presente fecha ¡— del suscrito, lo que de haber sucedido por obvias razones habría generado una oportuna reacción por parte de las tropas a mi cargo, seguramente con resultados diferentes, al luctuoso acontecer".

---

[22]   Oficio N.° 01113–BR7–CDO–226. Informe dirigido al Comandante del Ejército sobre el Caso Mapiripán, Meta. Villavicencio, 19 de noviembre de 1997.

Si para julio de 1997 el General Uscátegui no tenía el mando operacional del Batallón París ni la responsabilidad jurisdiccional del municipio de Mapiripán, ¿por qué le daba explicaciones al Comandante del Ejército de Colombia? Sencillamente porque **SÍ** era garante de esa municipalidad que había descuidado. El sentido del deber del General quedó evidenciado en ese documento que ratifica la naturalidad y espontaneidad con que un Comandante da razones y explicaciones a su línea de mando superior.

Sin lugar a dudas, el recio General asaltó en su buena fe al entonces senador Gustavo Petro. Si un Comandante de Brigada de un Ejército como el colombiano tiene claro, 15 años después, que no tenía responsabilidad militar en un municipio, entonces mayor nitidez debería haber tenido en el mismo año de los acontecimientos.

Y como lo deja ver en el segundo documento, curiosamente el General Uscátegui no se queja del mando operacional ni de la Jurisdicción, tampoco niega que tenga competencia sobre Mapiripán y nunca responsabiliza de todos sus problemas a la Brigada Móvil 2, como fue su costumbre desde el año 2000.

Por su parte, la Fiscalía, la Procuraduría, el Tribunal Superior de Cundinamarca, la Corte Suprema de Justicia y el Consejo Verbal de Guerra lo encontraron responsable de omisión y le confirmaron que SÍ tenía jurisdicción sobre ese municipio. ¿Estarán errados todos los investigadores que de manera simultánea llegaron a esa misma conclusión?

Y ya para resumir este capítulo, queda claro que la "Operación Conquista" causó el despliegue de la Brigada Móvil 2 hasta el Guaviare, esta presencia motivó el mando operacional sobre el Batallón París. Cuando la Móvil 2 se fue al Caquetá, dejó de operar en el marco de la "Operación Conquista" para concentrarse específicamente en la "Operación Libertad". Por consiguiente, el mando operacional[23] concluyó.

---

[23] La orden de Operaciones Libertad, escrita el 17 de octubre de 1996, ordenaba en la página 5 a la BR 7 lo siguiente: 1) Continuar el desarrollo de operaciones de contraguerrillas en su jurisdicción. 2) Recibir de la Brigada Móvil 2 la

La Séptima Brigada continuó con la "Operación Conquista" sin la poderosa Brigada Móvil 2, retomando toda su autoridad táctica sobre el Batallón París, y esto explica por qué el General Uscátegui escribió los oficios N.º 4730, fechado el 5 de agosto de 1997, y el N.º 01113, del 19 de noviembre de 1997, los mismos se transcriben de la página 110 a la 117 de este libro.

---

responsabilidad de la Operación Conquista en el área que aquella tenía asignada. Firma: MG Alfonso Arteaga Arteaga Cdte. 4.ª División.

FORMANDO MILITARES, IMPORTANDO PARAMILITARES

Bogotá – Guaviare, 1975–1997

"Los hombres no son consecuentes de sus acciones,
porque son inconstantes en sus principios".

Anónimo

Después de superar todas las pruebas académico–militares, la mañana del 4 de diciembre de 1975, 180 Alféreces[24] de la Escuela Militar de Cadetes se graduaron como Subtenientes del Ejército Nacional.

Los suiches[25] de Infantería Carlos Eduardo Ávila Beltrán y Lino Hernando Sánchez Prado (q.e.p.d.), quien murió de cáncer en el año 2005, formaban parte de esta nueva promoción de militares. Eran amigos y colegas en esta nueva etapa de sus vidas: comandar unidades en el campo de batalla contra las guerrillas.

Con el transitar del tiempo, el Ejército colombiano evolucionó y la dinámica del conflicto lo obligó a perfeccionar el perfil de sus líderes. Fue así como se elevaron de categoría al rango de especialidades unos servicios de apoyo existentes y se dio nacimiento a las armas de Comunicaciones, Cuerpo Logístico, Inteligencia y Aviación (ver escudo anexo).

Cuando la institución permitió que oficiales ya graduados se cambiaran a las nuevas especialidades, Lino H. Sánchez encontró más prometedora

---

[24] El número es aproximado, pues el Decreto 2627 del Ministerio de Defensa también enumeró a otros alféreces de la Armada y de la Fuerza Aérea.

[25] En el argot militar, nombre que recibe el oficial en el grado de subteniente.

su carrera militar en la divisa azul oscuro y se cambió de Infantería[26] a la Inteligencia Militar. Varios fueron los oficiales que también buscaron una nueva proyección en la aviación militar; por su parte, Carlos Eduardo Ávila Beltrán continuó ascendiendo rangos en la Infantería.

Veintidós años después, los destinos de los dos jóvenes de antaño los ubicarían en el mismo lugar: San José del Guaviare. Carlos Ávila como Teniente Coronel Comandante del Batallón París, y Lino Sánchez como Oficial de Inteligencia de la Brigada Móvil 2.

El idealismo patriota de ayer había dado tránsito al realismo social y fue así como la mentalidad de Lino Sánchez se contaminó de la errada filosofía de apoyo a los grupos de autodefensas. "Su odio por la subversión era total, la guerrilla le había asesinado[27] a sus abuelos, con quienes había crecido en su adolescencia". Sus actividades abiertas y encubiertas en la inteligencia le permitieron conocer de cerca el fenómeno paramilitar con el que llegó a compenetrarse[28] e inevitablemente a comprometerlo[29] en proyectos ilegales. Con esa concepción aterrizó en San José del Guaviare[30] en abril de 1997.

Allí se reencontró con el Teniente Coronel Ávila Beltrán, quien había llegado de Europa varios meses antes, el Ejército lo había premiado con un curso militar en Francia por un año. La carrera militar de Ávila

---

[26]   A la Infantería le corresponde la divisa roja; a Caballería, la amarilla; a la Artillería, la negra; a Ingenieros, la morada; a Logística, la gris; a Aviación, la azul claro; a Comunicaciones, la anaranjada, y a Inteligencia, la azul oscuro (ver Anexo).

[27]   Conversación privada entre el Coronel Sánchez (r.i.p.) y el Coronel Orozco en 2001 cuando estaban detenidos en el mismo Batallón de PM 13, en Bogotá.

[28]   Se recomienda leer http://www.semana.com/nacion/giro-Mapiripán/104277-3.aspx.

[29]   Según lo declarado por alias *Capitán Victoria*, miembro de las autodefensas y organizador de los grupos que viajaron al Meta en 1997. *Se entregó exparamilitar considerado ficha clave de masacres en Meta.* Recuperado de http://www.eltiempo.com/justicia/se-entrego-ex-paramilitar-considerado-ficha-clave-de-masacres-en-meta_109034454

[30]   Diligencia indagatoria rendida por el señor Lino Sánchez, C.C. N.º 19.209.234, ante Fiscalía. 5 de abril de 1999.

Beltrán iba en ascenso como un misil intercontinental; en cambio, la de Lino Sánchez estaba estancada.

Una noche de junio de 1997, la misteriosa sombra del Coronel Sánchez visitó las instalaciones de la Base Antinarcóticos de San José del Guaviare y le propuso al Comandante, el Teniente Coronel de la Policía Carlos Arturo Beltrán Aldana, apoyo para transportar en los helicópteros policiales a un nutrido grupo de paramilitares que pronto vendría a esa zona a darle una lección a la guerrilla. Indignado, el oficial de la Policía se negó a semejante absurdo y ordenó una investigación de inteligencia para conocer la identidad del Oficial del Ejército que lo había visitado.

Entonces, se escribió un informe confidencial[31] que hace parte del expediente Mapiripán y cuya copia conservo en mis archivos personales.

Aparentemente, para no empañar la promisoria carrera militar de Ávila Beltrán, Lino Sánchez habría planeado importar los paramilitares desde el Urabá en junio de 1997, exactamente durante el mes en el cual el Coronel Ávila estaría ausente del Guaviare por vacaciones.

Y tal como dice el refrán popular, untado el dedo, untada la mano. Lino se inmolaría por su compañero Ávila Beltrán, quien indiferente y alejado, sacrificaría al Mayor Orozco y también perjudicaría al General Uscátegui.

El mismo día en que los delincuentes aterrizaron en San José del Guaviare, yo ejercía como encargado del Batallón París y sin haber fomentado ni participado de manera alguna en esa expansión criminal, esta **formalidad, este encargo transitorio** desembocó en una indagación disciplinaria, otra penal, e institucionalmente fui señalado de ser traicionero, desleal y

---

[31]   Documento de Inteligencia de la Policía Antinarcóticos de fecha diciembre 30 de 1997, que reporta en detalle esta ilegal propuesta y hace parte del expediente Mapiripán. Este oficio fue corroborado por el Teniente Coronel de la Policía, Carlos Arturo Beltrán Aldana. Formulación de cargos de la Procuraduría General de la Nación, Asesores de Derechos Humanos, Bogotá, 19 de septiembre del 2000, pág. 23.

como consecuencia perdí mi reputación, mi proyección, mi libertad, lo perdí todo, excepto la esperanza.

Por causa de los militares que abiertamente facilitaron el ingreso del paramilitarismo en el Guaviare y por error del General Uscátegui, entré en el dramático laberinto de las investigaciones: la Procuraduría me sancionó con represión severa y un juez me condenó a 40 años de prisión. ¡40 años por un formalismo, por estar ese día y a esa hora en el Guaviare!

Por lo tanto, las difíciles circunstancias me obligaron a buscar refugio en otro país. Los mecanismos legales internacionales permitieron compensar la posición de chivo expiatorio a la que me expusieron el General Uscátegui y el Comandante titular del Batallón París en 1997, el Teniente Coronel Carlos Ávila Beltrán. El silencio del primero y la audaz abstracción del segundo precipitaron el fin de mi carrera militar.

Fue al mediodía del sábado 12 de julio de 1997 que dos aviones color plata y rojo aterrizaron en el aeropuerto de San José del Guaviare, el DC–3 con matrícula HK–3993P, y el Antonov HK–4009X. El Sargento José Miller Urueña Díaz, al mando de un pelotón, era el encargado de vigilar este importante punto de la ciudad para garantizar que, al maximizar los controles de seguridad, se minimizaran las actividades ilícitas.

Pero el Sargento Urueña[32], siguiendo el pérfido ejemplo del Coronel Ávila, también se ausentó en ese preciso instante. De aquellos aviones de la empresa SELVA descendieron varios hombres con apariencia de soldados profesionales. Se desembarcó pesado cargamento, nada pasa por el control de los soldados del Batallón París, todo parece normal, porque en ese lugar también está presente el Coronel Lino Sánchez dando la bienvenida a quienes aparentan ser soldados de su Brigada Móvil 2. ¡La razón de esa inusual presencia fue la de recibir[33] al grupo de paramilitares llegados desde el Urabá!

---

[32]   Condenado a 40 años de prisión por facilitar la llegada de los paramilitares.

[33]   Está probado en el expediente del caso Mapiripán por diferentes versiones, que el Coronel Lino Sánchez estaba en contacto permanente con miembros paramilitares en el Guaviare, entre ellos alias *René* y alias *Raúl* o *Capitán Victoria*.

Y para complementar este asombroso cuadro, el Teniente de Inteligencia encubierto, José Luis Calderón Londoño, también observaba esa procesión, y teniendo la obligación de alertar al Batallón París y a la regional de Inteligencia en Villavicencio, omitió notificar a sus superiores esa agitada y poco frecuente actividad de aviones y personas.

Calderón permaneció camuflado en medio de la población de San José del Guaviare durante varios meses y sabía diagnosticar la diferencia entre vuelos rutinarios y vuelos especiales, como el recién aterrizado. Pero esta poderosa herramienta de inteligencia que no dependía del Batallón París falló, el Teniente no cumplió con celo su misión y se sumó al grupo de inescrupulosos oficiales que, al notar hechos anormales ese sábado 12 de julio de 1997, inexplicablemente se quedaron callados. Calderón dependía directamente del Batallón de Inteligencia de Villavicencio y con su descuidada actitud estampó los pasaportes criminales de cada paramilitar que llegó ese día.

Un oficial de inteligencia infiltrado en una zona como la del Guaviare debe ser un camaleón, su influencia tiene que estar presente en las redes invisibles, extendidas en todos los niveles sociales, principalmente en el orden subversivo, paramilitar, de delincuencia común, político, militar, sindical y económico.

Es curioso que el Teniente Calderón, al tener el dominio y el control de toda la red de espionaje del Guaviare, no se haya percatado —supuestamente— de la aproximación de los paramilitares, asunto éste muy sospechoso porque él estaba capacitado para recolectar, analizar y difundir información de manera oportuna; su objetivo general consistía en lograr capacidad de anticipación, como también de autohabilitar cualquier oportunidad para diseminar decenas de células de informantes aquí y allá, contaminar discretamente con su multipresencia cada punto crítico de esa región, en especial el aeropuerto, los muelles del río, penetrar e infiltrar la mayoría de los lugares de ese departamento para dominarlo integralmente y mantener la iniciativa de informaciones, pero en este caso su capacidad fue nula y los efectos devastadores.

Del Teniente Calderón, súper agente encubierto, recibiría una sola llamada y un solo fax identificado con el numero 268 que reportaban presencia paramilitar en Mapiripán en la tarde del martes 15 de julio de

1997; cuando me lo comunicó, yo ya sabía lo mismo y mucho más por boca del juez de esa localidad.

¿Qué hacía el jefe de la red de inteligencia en el aeropuerto a la misma hora que llegaron los paramilitares y cómo fue que no pudo establecer la identidad y las intenciones de los recién llegados? Quizá lo sabía, lo intuía todo, y eso explica la inexistencia de un reporte oficial sobre la anómala situación.

AMANECER EN PARÍS, ATARDECER EN EL GUAVIARE

París (Francia) - Batallón París (Guaviare), 1995-1997

"La traición la emplean únicamente aquellos
que no han llegado a comprender el gran tesoro que se posee
siendo dueño de una conciencia honrada y pura".

Vicente Espinel (1550–1624), escritor español.

El Teniente Coronel Carlos Ávila Beltrán fue estimulado con un viaje de estudios militares a la república francesa en 1995. Esa romántica ciudad, la misma en donde el pueblo amotinado decapitó a sus reyes en 1793, fue para él y su familia durante doce meses. Su comisión académica terminó en 1996 y, embarcando en Europa, viajó de regreso a su natal América del Sur. De estudiante en París, pasó a convertirse en el Jefe Militar del Batallón París.

Ávila era un excelente atleta de elevada estatura, delgado, de cabello negro oscuro, bigote espeso y dueño de una cálida sonrisa que acompañaba con una llamativa dentadura blanca; ejercía el mando con distanciamiento hacia subalternos y con gran familiaridad hacia los superiores.

En agosto de 1996 el Teniente Coronel Ávila se posesionó oficialmente como Comandante del Batallón de Infantería Joaquín París, ubicado en la ciudad de San José del Guaviare. Llegó a esa región de nuestros llanos en plena ebullición social, como consecuencia de los repetitivos golpes que la Brigada Móvil 2 le ocasionaba a todas las expresiones del narcotráfico.

Habiendo sido nombrado en ese cargo, como titular del comando de esa unidad táctica Ávila Beltrán conoció en detalle los parámetros de la "Operación Conquista" y vivió los últimos cuatro meses del Mando Operacional —agregación transitoria— que la Brigada Móvil 2 ejercía sobre el Batallón que él lideraba.

El Año Nuevo de 1997 llegó sin la presencia de la Brigada Móvil 2 y sin su Comandante, el Brigadier General Ospina Ovalle, cuya disciplina personal lo hacía acreedor de toda la admiración y respeto de cada soldado destacado en esa zona del país.

Fue entonces cuando aterricé en la renovada pista de la capital del Guaviare, a finales de enero de 1997, llegué en uniforme camuflado y dispuesto a compenetrarme con mis nuevas funciones.

Me llevaron hasta el Barrancón, un lugar cercano a orillas del río Guaviare en donde funciona la nueva Escuela de Fuerzas Especiales del Ejército. Allí encontré al Coronel Ávila Beltrán. Ese sábado todas las unidades disponibles del Batallón París se encontraban realizando ejercicios de polígono con armas largas en los terrenos de la Escuela.

Al terminar la actividad de entrenamiento, regresamos en una marcha a las instalaciones del Batallón y a partir de ese momento me integré activamente con todos los oficiales, suboficiales, soldados y civiles que hacían parte de esta importante unidad táctica.

Febrero, marzo y abril fueron meses en los que la soledad y la inquietud reinaron como consecuencia de la falta de presencia de la Brigada Móvil 2. Así transcurrió rápidamente el primer trimestre hasta que un día supimos que la invencible Brigada Móvil 2 regresaba a nuestro complejo militar.

Volvimos a ver a esos estupendos centauros profesionales en abril–mayo de 1997, pero a diferencia de antes, ahora todos tenían una misión diferente, estaban concentrados en el Barrancón, en fase de reentrenamiento y celosamente supervigilados por el Mayor General Agustín Ardila,

Comandante de la Cuarta División, quien diseñaba una contundente operación en contra del secretariado de las Farc en el Meta.

Por consiguiente, el General Ardila nos visitaba constantemente en el Guaviare. Cuando el Comandante de la División viajaba a inspeccionar sus unidades, el Comandante de la Brigada se quedaba en Villavicencio, no era lógico ni consecuente con la situación de orden público que dos Generales de la misma zona viajaran simultáneamente a visitar Batallones de la misma jurisdicción. La razón de esta aclaración obedece al hecho de que un trabajo audiovisual llamado "Por qué lloró el General" muestra innumerables videos de la época en los que nunca aparece el General Uscátegui en el área del Guaviare, sugiriendo así que él no era el jefe supremo del Batallón París y, por consiguiente, insinuando que Mapiripán tampoco era un lugar que lo vinculara como garante.

Como ya se mencionó, en junio de 97 el Coronel Lino Sánchez había sugerido[34] un apoyo ilegal para un grupo de paramilitares, a lo cual recibió un rotundo NO de parte del Comandante de la Base de Antinarcóticos.

En el mismo mes, el Coronel Ávila Beltrán se preparaba para salir a disfrutar un mes de vacaciones. Pero como la ilegal coordinación con la Policía Antinarcóticos para insertar células de paramilitares no se pudo concretar, entonces al parecer el Coronel Ávila se vio obligado a aplazar sus vacaciones hasta el siguiente mes.

El día 8 de julio de 1997, un avión Hércules de la Fuerza Aérea Colombiana aterrizó en San José del Guaviare. Descargó material y equipo especial para la Brigada Móvil 2 y pocas horas después decoló con rumbo a Bogotá. El Coronel Ávila, en condición de pasajero fugitivo, se dirigió a la capital del país para iniciar sus "merecidas" vacaciones.

Cuatro días más tarde, el 12 de julio de 97, dos aviones de la empresa SELVA aterrizaron en ese mismo aeropuerto, transportando una siniestra

---

[34] Así figura en el Oficio confidencial de fecha 30 de diciembre de 1997 y documento N.º 0068 de la Dirección Antinarcóticos–Sección Central de Inteligencia, de fecha 14 de enero de 1998.

cuadrilla de paramilitares y su carga. La maniobra era salir para entrar. Ávila salía del Guaviare y los *paracos* entraban a ese territorio.

Como si providencialmente fuera el hombre con la mejor suerte del mundo, el grupo de delincuentes tocó tierra de los llanos del Guaviare, cuando el Teniente Coronel Ávila Beltran estaba ausente de su batallón.

El Coronel Ávila fue oficialmente nombrado Comandante del Batallón París por un año: 12 meses, durante 11 comandó y coordinó actividades directamente, pero en el mes de su descanso nos invadieron los paramilitares, justo cuando me encontraba encargado del Comando del Batallón París, así que toda la responsabilidad me cayó encima. Ávila cerró su ciclo de Comandante abriéndole las puertas del Guaviare a la banda de las autodefensas que masacró vidas humanas en Mapiripán.

Yo llevaba seis meses de trabajo en el Batallón París cuando ocurrieron los hechos. ¡Obviamente debo decir de mí mismo que fui un militar con pésima suerte!

Pero no, me resisto a creer que todo fue cuestión de suerte: ese deplorable proyecto estaba calculado desde tiempo atrás. Al parecer, el Coronel Lino Sánchez había cumplido un doble propósito: importar paramilitares sin perjudicar a su compañero Ávila Beltrán.

De otro lado, es importante para el lector conocer, que el Ejército de Colombia aplica un método muy riguroso para autorizar vacaciones a cada soldado que presta servicio. Cuando los turnos están confirmados, se disfrutan en las fechas respectivas, cualquier cambio solamente puede ser aprobado por el Comandante del Ejército.

El Coronel Ávila Beltrán tenía autorizado su turno de vacaciones para junio de 1997. Esto coincide con el mes en el que supuestamente llegarían los amigos *paracos* del Coronel Lino Sánchez, según la ilícita propuesta hecha a la Honorable Policía Antinarcóticos. No existe acto administrativo del Ejército a favor del cambio de vacaciones del Coronel Ávila para el mes de julio de 1997.

Todo indica que el Coronel Lino Sánchez era el regulador de las vacaciones de su compañero Ávila Beltrán, quien sabía de la aproximación de las autodefensas, y en lugar de oponerse a esa importación de asesinos, la aprobó tácitamente: las vacaciones se constituyeron en la coartada perfecta para materializar su colaboración. Su pretexto fue la guillotina que seccionó mi proyección profesional.

Y como reafirmación a su intachable conducta, el intocable Coronel Ávila escalaría otras posiciones y llegaría al rango de Mayor General del Ejército. En mayo de 2008, durante su mandato, el entonces Presidente Álvaro Uribe le puso en su impecable uniforme la Medalla Militar "Escuela Superior de Guerra", Categoría Única por Servicios Distinguidos, junto al Vicealmirante Fernando Elías Román, durante el aniversario 99 de esa institución.

Y reafirmo que Ávila Beltrán es intocable porque ante todas las instancias judiciales fue denunciado pero jamás ha sido penalmente[35] investigado. La Procuraduría le impuso una represión severa por los hechos de Mapiripán. Si existieron indicios disciplinarios para esa sanción, ¿por qué no alcanzaron los mismos para un sumario penal?

La justicia colombiana no ha cumplido con la totalidad de las decisiones impuestas por la Corte Interamericana de Derechos Humanos, dado que el ahora General (R) Ávila Beltrán sigue impávido frente a los delicados hechos. No hacerlo equivale a ignorar la decisión de fondo, que por unanimidad tomó esa Corte en septiembre de 2005, al manifestar:

> "El Estado[36] debe realizar inmediatamente las debidas diligencias para activar y completar eficazmente, en un plazo

---

[35]   Se reitera la compulsación de copias en contra del Coronel Carlos Eduardo Ávila Beltrán, oficial titular del Batallón Joaquín París, dispuesta en el curso de la vista pública. Junio 18, 2003. Sentencia Condenatoria por la Masacre de Mapiripán República de Colombia, Rama Judicial, Juzgado Segundo Penal del Circuito Especializado de Bogotá D.C. Bogotá D.C., junio dieciocho (18) de dos mil tres (2003).

[36]   Así lo estipula la Corte Interamericana de Derechos Humanos. Caso de la "masacre de Mapiripán" *vs* Colombia. Sentencia del 15 de septiembre de 2005, pág. 181.

razonable, la investigación para determinar la responsabilidad intelectual y material de los autores de la masacre, así como de las personas cuya colaboración y **aquiescencia** hizo posible la comisión de la misma, en los términos de los párrafos 295 a 304 y 326 de esta Sentencia".

Todo apunta a que el otrora Teniente Coronel, hoy Mayor General retirado Carlos Ávila Beltrán, hizo parte de la estructura intelectual que en su fase de planeación, aprobó activa y silenciosamente la llegada del grupo paramilitar desde el Urabá hasta el Guaviare.

Si no tuviera razón en mis planteamientos, ¿por qué lo sancionó la Procuraduría?, ¿por qué el señor Ávila nunca ha formulado una sola denuncia por calumnia o injuria en contra de mis declaraciones, ¿porque nunca se ha opuesto a mis sospechas?, si hace más de 10 años lo acusé ante los estrados nacionales? ¡Ah, el peso de la conciencia!

Al decir de Juvenal: "Este es el castigo más importante del culpable. Nunca ser absuelto en el tribunal de su propia conciencia". La actitud de los dos generales, Uscátegui y Ávila, concuerda con ese aforismo de Juvenal, pues ellos continuarán siendo prisioneros en sus pensamientos hasta que sus conciencias no los dejen en paz.

Al respecto, cuando hablo de esta historia con los pocos amigos que tengo, les manifiesto con mucha autoridad moral: "no hay mejor almohada que una conciencia tranquila". Nunca he presumido de mi inocencia porque siempre he tenido convicción de la misma.

CORONEL FANTASMA, GENERAL INTOCABLE, ¿CIUDADANO INALCANZABLE?

El Presidente Álvaro Uribe condecoró con la Medalla Militar "Escuela Superior de Guerra" Categoría Única por Servicios Distinguidos, al Vicealmirante Fernando Elías Román (izq.) y al Mayor General Carlos Ávila Beltrán (der.). Bogotá, mayo de 2008[37].

En julio de 1997, siendo Teniente Coronel Comandante del Batallón París, Ávila Beltrán se ausentó extraoficialmente de San José del Guaviare cuatro días antes de que los paramilitares, los mismos que masacraron el municipio de Mapiripán, aterrizaran en su jurisdicción militar. Con ese formalismo

---

37 http://www.esdegue.mil.co/index.php?option=com_content&view=article&id=322%3Ael-curso-de-estado-mayor-realiza-practica-tactica-en-el-centro-nacional-de-entrenamiento&catid=31%3Anoicias-escuela&Itemid=69

(coartada) evitó la investigación penal que recayó en su subalterno, el entonces Mayor Hernán Orozco.

La Procuraduría General consideró que el Coronel Ávila Beltrán había incurrido en faltas disciplinarias y en consecuencia lo sancionó con una Reprensión Severa[38] por los hechos de Mapiripán. En lo penal, irónicamente, la Fiscalía General nunca se ha pronunciado.

---

[38]   De esta manera se pronuncia el fallo de única instancia proferido por la Procuraduría General de la Nación el 24 de abril de 2001, expediente N.º 001–24269/99.

JUICIO POPULAR GUERRILLERO

Mapiripán, mayo de 1997

"El mensajero de la oscuridad
vive entre el siniestro camino de no saber quién es,
y la intriga de lo que puede traer".

Luis Gabriel Carrillo Navas.

L eonardo Iván nació en la clínica Villavicencio, en la capital del Meta, el 6 de septiembre de 1964. Creció, se educó y vivió en esa ciudad hasta el aciago día en el que la indiscriminada violencia lo obligó a cambiar las extensas llanuras del Oriente colombiano por las elevadas cumbres borrascosas del Viejo Continente.

El amor al prójimo, el respeto a los demás y una infancia normal fueron el mejor patrimonio que le dejaron su hogar y el haber estudiado preescolar y primaria en el Colegio de La Sabiduría y en la Escuela Pública Concepción Palacios; obtuvo su grado de bachiller en el Colegio Cofrem. En agosto de 1992 recibió de la Universidad INCCA, en Bogotá, el título de Abogado.

Posteriormente, fue nombrado Juez Promiscuo Municipal de Mapiripán, localidad a la que llegó en octubre de 1996. Su esposa, sus hijos y Sascha, una hermosa perra dálmata, lo acompañaron en esa nueva etapa de su vida.

Los días de mayor actividad laboral para el Dr. Cortés eran los sábados y los domingos, pues era la oportunidad que tenían los campesinos de zonas alejadas para acudir con sus quejas a su despacho. La experiencia de la masacre lo marcaría hasta el punto que en el exilio europeo se autodefiniría como anarkonadaista y crearía en internet un grupo social llamado Centauros Bolivarianos.

Desde mi obligado refugio en Miami, me impuse la tarea de buscar virtualmente al Dr. Cortés y en esa página lo encontré, así llevamos nueve años comunicándonos civilizadamente.

Pero menos civilizada fue la intempestiva aparición de los subversivos en Mapiripán en 1997. Cruzando matorrales, morichales, cañadas y áridos senderos, un grupo de guerrilleros liderados por alias *Iván* y alias *Hernando*, de la cuadrilla 44 de las Farc, llegaron la mañana del 19 de mayo a esa población llanera, reunieron a las personas y públicamente realizaron un juicio popular a todas las autoridades de ese solitario municipio. En aquella ocasión nadie se quejó del juez, pero los habitantes manifestaron su malestar en contra del Alcalde, que ese día estaba ausente.

Cuando la bota criminal de cada guerrillero desocupó el casco urbano, el Dr. Cortés buscó la primera oportunidad y se dirigió a su despacho, allí escribió un breve oficio identificado con el N.º 393 para reportar esa humillante amenaza, y lo envió vía fax a sus jefes en el Tribunal Superior.

Siguiendo el protocolo natural de comunicaciones, ese singular reporte recorrió la línea de mando de los diferentes despachos judiciales: nació en Mapiripán, llegó a Villavicencio y desde allí fue remitido a Bogotá, lo recibió el Ministerio de Justicia, luego fue trasladado al Ministerio de Defensa y desde ese alto punto empezó a descender por el conducto regular militar hasta aterrizar en el maletín de un estafeta que lo llevó al despacho del Comandante de la Cuarta División en Villavicencio, de allí pasó a la Brigada 7. Dos meses después de haber iniciado su burocrática jornada, esa información alcanzó el comando del Batallón París, en San José del Guaviare, el 8 de julio de 1997, ese mismo día se dio respuesta vía fax a la Séptima Brigada y ésta a la División, en fin, hasta que la explicación llegó a cada oficina en Bogotá.

De mi parte, todas las tardes a partir de las 2 p.m. acostumbraba inspeccionar cada rincón del Batallón París; después pasaba a una etapa de confrontación administrativa: procesar todos los documentos que desafiantes esperaban sobre mi escritorio.

Allí encontré el Oficio N.º 4222[39] enviado por la Séptima Brigada, en el que me ordenaban coordinar las acciones necesarias para garantizar la seguridad de los pobladores de Mapiripán. ¡Y de manera improrrogable me daban un plazo de 24 horas para cumplir esa imposible misión!

El lunes 14 de julio de 1997, en la tarde, me encontraba en mi oficina procesando documentos y directivas. Después de leer el Oficio N.º 4222 enviado por la Brigada 7 de Villavicencio me sentí incómodo con el plazo que me daban para emprender una coordinación de esa envergadura en un municipio que está relativamente alejado del Batallón. Pero no me asombró la orden, porque en nuestro Ejército estamos acostumbrados a ese tipo de instrucciones repentinas de parte de los Comandos Superiores. Y valga la pena decir que ese documento enviado por la Brigada 7 al Batallón París, es otra clara *demostración del mando operacional* que la primera ejercía sobre nosotros. De lo contrario, entonces debieron haberlo mandado a la Brigada Móvil 2.

La primera decisión que tomé con respecto a ese Oficio fue la de ordenarle a la Oficina de Inteligencia del Batallón que averiguara la manera de buscar algún teléfono de esa localidad.

Cuando me disponía a continuar revisando la documentación, llegó un enorme suboficial de la Brigada Móvil 2 y me dijo que su Comandante me necesitaba cuanto antes.

La intriga comenzaba a exhibir su deplorable cara, disimulada y sigilosamente. Ese día, a esa hora, julio 14 de 1997, el grupo de paramilitares llegados del Urabá completaba dos días en el Guaviare y yo no sabía nada al respecto, ¿cómo saberlo? … Como dijera J. Racine: "un corazón noble no puede suponer en los demás la bajeza y la maldad que no está en él".

---

[39]   El Oficio N.º 4222, fechado el 14 de julio de 1997, fue enviado por la BR7 y está firmado por el Coronel Molano Díaz.

El Teniente Coronel Ávila Beltrán cumplía 6 días de vacaciones extraoficiales y con toda seguridad lo sabía todo, por eso se había marchado; yo cumplía menos de una semana como encargado del Batallón París y me sentía muy afortunado, orgulloso de la oportunidad que tenía porque equivalía a desempeñarme como Teniente Coronel siendo Mayor; era como crecer en dignidades y pasar de pequeño a grande, evolucionar de ejecutivo a jefe, sin duda era todo un honor ser Comandante. Me había impuesto el firme propósito de administrar integralmente esa unidad táctica, quería que cuando el coronel Ávila regresara, no se sintiera decepcionado por mi desempeño.

Pero ese día, sin imaginarlo, la conspiración para invadir Mapiripán continuaba su acelerado paso, era una bola de nieve en descenso, una bestia espoleada y liberada imposible de parar. Mientras los grupos paramilitares acechaban esa pequeña e indefensa población, yo me dirigía en compañía del Mayor Harvey García Narváez a la Brigada Móvil 2, cuyo Comandante me había mandado a llamar en tono perentorio.

Y esa fue la fecha en que empezó a concretarse el tenebroso plan del Teniente Coronel Lino Sánchez (q.e.p.d.), con la oscura anuencia del Teniente Coronel Ávila Beltrán. Esa fue una vergonzosa semana, imposible de olvidar, para la institución militar.

VOCES INAUDIBLES

San José, 14 al 19 de julio de 1997

"Ultra posse nemo obligatur"
(nadie está obligado más allá de su poder).

En concordancia con "Nemo tenetur ad impossibilia"
(nadie está obligado a hacer lo imposible). Humanamente es
improbable evitar lo que ya se ha decidido con anticipación.

¡Qué ordena mi Coronel!

—¡Siga Orozco! —dijo el Comandante de la Brigada Móvil 2, Coronel Néstor Rodríguez Portela[40], hombre de mediana altura, delgado, de cabello y bigote negros.

—Orozco, hay informaciones serias sobre presencia de varias cuadrillas de las Farc que se están reuniendo al sur con la intención de atacar una compañía de su Batallón que está ubicada en el municipio de Calamar.

La noticia venida del Comandante de la Brigada Móvil me dejó frío. La primera imagen que se me vino a la mente fue la del ataque a Las Delicias[41]. —¡Van a rodear la compañía y nos van a secuestrar más soldados! —pensé.

---

[40] Durante las investigaciones el Coronel Rodríguez Portela nunca negó haber reportado esa amenaza; sin embargo, dijo que no lo había hecho el lunes 14 de julio de 1997, pero posiblemente lo hizo en fecha anterior.

[41] Declaración del 25 de marzo de 1999 en Bogotá, ante el fiscal de derechos humanos, durante la diligencia de indagatoria.

—Orozco —continuó el Coronel con marcada convicción— hay una persona en San José dispuesto a suministrarle todos los detalles. Uno de mis hombres lo va a llevar hasta el lugar donde pueden hablar con él.

El enorme suboficial apareció nuevamente en la puerta y se fue con el Mayor Harvey García hasta San José, a reunirse con el enigmático informante que tenía datos de interés.

Yo regresé a mi oficina con una sola idea que me calentaba la cabeza: ¡Vamos a dar la pelea y no me secuestran ni un solo soldado!

Poco tiempo después llegó el Mayor García Narváez confirmando[42] los preocupantes datos: varios frentes de las Farc estaban moviéndose simultáneamente desde direcciones diferentes para cercar la compañía ubicada en Calamar. Tuve el grato placer de conocer al Mayor Harvey García precisamente en San José del Guaviare, cuando se desempeñaba como el oficial de operaciones del Batallón París, y pude observar en él a un profesional íntegro, incansable, responsable, respetuoso, leal y meticuloso en el desempeño de su cargo. Después de escucharlo, recibí un documento del suboficial de Inteligencia, el sargento Ramírez, él también confirmaba la misma averiguación y recomendaba una operación inmediata.

Por su parte, el informante manifestó haber visto entre 500 a 700 guerrilleros..., los indicios eran alarmantes[43], el enemigo, las Farc, había resurgido y estaban masificando fuerzas para golpear contundentemente la Base Militar de Calamar. Un segundo descalabro como el de Las Delicias no se repetirá en el Batallón París y menos bajo mi mando, pensé.

---

[42]   Sentencia Consejo de Guerra, págs. 25–26. Bogotá, 12 de febrero de 2001. Versión disciplinaria y testimonio del Mayor García Narváez (folios 182 C4 / 17 a–4 / 12 a–11 / 548 c1-305-350-7206–21). Declaración del Mayor García Narváez ante Juzgado Segundo Penal Bogotá. Proceso 104–A–2. Martes 19 de marzo de 2002, pág. 9.

[43]   Diligencia de indagatoria del Coronel Hernán Orozco el 25 de marzo de 1999 en Bogotá, ante el fiscal de derechos humanos.

Y como si todo esto no fuera suficiente, esa semana (15 al 18 julio de 1997) el mismo Comandante de Batallón, Ávila Beltrán, me llamó desde la ciudad donde disfrutaba sus vacaciones para decirme en tono preocupante que otra de nuestras bases militares, Puerto Concordia, también estaba siendo amenazada[44] por la guerrilla.

Hice lo que cualquier Comandante haría en una situación de estas: tomar una decisión militar. Sentía que estaba viviendo una verdadera emergencia táctica y la situación requería de una acción ofensiva inmediata.

Por lo tanto, escogí a uno de los oficiales del Batallón París, al Capitán Gerardo Melo Barrera, un hombre alto, atléticamente delgado, fuerte, ágil, con mirada de lince, rudo y directo al hablar pero noble y gran líder de su unidad fundamental. Él era uno de esos guerreros que se podía acomodar a cualquier situación por difícil que fuera, su perfil profesional se adaptaba al tipo de hombres que se necesitaban para encarar situaciones de alto riesgo, como la de Calamar; el hombre era todo un centurión, el personaje ideal para sofocar la crisis que se estaba viviendo en Calamar. ¡Y lo mejor, estaba disponible para esta misión!

Melo Barrera acababa de llegar de un merecido descanso junto con toda su compañía como parte del plan de estímulos dado a los soldados. Ese inolvidable lunes 14 de julio de 1997 tenía a mi disposición una compañía de reserva integrada por 107 soldados curtidos, combatientes natos, bien comandados; entonces, al caer la noche emití la ante orden de alistamiento a través del Mayor García.

Las mañanas amanecían frescas en San José, el Sol despuntaba rápidamente y mi necesidad de transportar a Melo y a sus hombres también tenía un afán, una razón: reforzar al Capitán Romero y sus hombres en Calamar, y confrontar a las Farc.

La relación de poder era de 3 guerrilleros contra 1 soldado en promedio y aunque el aparente enemigo nos superaba ampliamente, continué con mi plan; en la guerra irregular esa es una realidad que nunca debe

---

[44]   Diligencia de indagatoria del Coronel Hernán Orozco el 25 de marzo de 1999 en Bogotá, ante el fiscal de derechos humanos.

impedir algún tipo de acción, reacción o apoyo militar porque todo soldado asume que el Ejército en bloque está listo a respaldar cualquier acción de combate.

Por otro lado, Lino Sánchez era un hombre alto, robusto, de caminar desgarbado, pelo negro, espeso y desordenado con mechones canosos, bigote en cara y mirada indiferente, su hablar era pausado, su tono de voz cordial, era un militar sencillo, reservado, era un alma espiritualmente solitaria, intranquila, se notaba que guardaba muchos secretos en su interior. En la mañana del martes 15 de julio de 1997 encontré a Sánchez en la estación que almacenaba el combustible de las aeronaves. Acudí a él, pues el coronel Rodríguez Portela, Comandante de la Brim2, había salido a Villavicencio la tarde anterior, después de hablar conmigo.

Me urgía pedir el helicóptero ruso MI–8 para transportar la compañía del Centurión Melo. Durante muchos años había tenido la desagradable impresión de que solicitar un helicóptero era un proceso inquisitivo. Pero Lino Sánchez facilitó todo con un amable sí, solamente me pidió que enviara un oficio solicitando ese apoyo aéreo y así se hizo.

Entonces, le ordené al Mayor García que se embarcara y que supervisara cada uno de los 4 movimientos que haría la nave al sobrevolar las hermosas e imponentes selvas del Guaviare, mientras recorría una distancia aproximada de 80 millas por cada vuelo cumplido.

Regresé a mi oficina y encontré allí al Inspector Fluvial del Guaviare, Gustavo Hincapié (q.e.p.d.), quien me reportó que el tránsito fluvial sobre el río Guaviare estaba suspendido al oriente y preguntaba si el Ejército tenía personal en el sitio llamado Charras. En el acto le confirmé que no.

Durante esta conversación recibí una llamada del General Uscátegui en la que me indagaba por Mapiripán. Me insistió en aclarar el asunto del Juicio Popular, así que le dije que me encontraba en el proceso de buscar la manera de llamar a la alcaldía de ese municipio.

Cuando la comunicación terminó con el General, el Señor Inspector Fluvial, que me había escuchado nombrar Mapiripán, dijo que él me podía suministrar un número telefónico de un hotel en ese lugar.

Esa sencilla coincidencia permitió que me comunicara con Mapiripán más rápido de lo imaginado. De inmediato marqué el número y me contestaron en el Hotel Monserrate.

Me identifiqué apropiadamente por mi posición militar y le dije al administrador, Arbey Ríos, que necesitaba hablar[45] con el Juez:

—El Juez está un poco apartado, —me contestó.
—¿Podría entonces hablar con él más tarde?
—Sí, porque tengo que ir a buscarlo.

Le dije a Ríos que por favor le avisara al Juez que yo lo llamaría a las 2:30 p.m. Así de breve y concreta fue esa llamada.

En Colombia es muy común llamar a algunos municipios y ponerle citas telefónicas a cualquier otra persona. Ese día cité al Juez en la tarde, cuando me di cuenta que no podría hablar con él en el minuto en que lo llamé.

Si algo grave estaba sucediendo en ese instante en Mapiripán, por alguna razón desconocida el señor Ríos no lo comunicó. La localidad estaba ocupada por los paramilitares esa mañana, quizás el temor de que alguien lo escuchara, o tal vez algunos paramilitares estaban junto a él, no le permitió a Ríos enviar una alerta temprana.

Entonces, me despedí del administrador del hotel y también del Inspector Fluvial, pues tenía que ir a ocuparme de la emergencia de Calamar.

A la una de la tarde, aproximadamente, de ese martes 15 de julio de 1997, escuché el sonido de los potentes motores del helicóptero que se aproximaba, salí a su encuentro, la nave aterrizó con pericia, el pasto se dobló por la fuerza del viento, las turbinas se apagaron después de haber estado activadas por más de 320 millas de vuelo y vi descender al Mayor García Narváez cuando terminó el último vuelo de apoyo.

---

[45]   Tribunal Superior Militar. Actas Consejo Verbal de Guerra. Proceso N.° 144083 / 27 de junio de 2000, págs. 423–439.

El Mayor me confirmó que la compañía del Capitán Melo había reforzado Calamar, después de lo cual nos fuimos a almorzar. Por lo menos teníamos la tranquilidad de haber actuado con prontitud frente a una amenaza anunciada. Había alcanzado mi primer objetivo intangible: lograr la iniciativa. Ahora comenzaba en mí una etapa de preocupación por el inminente choque de fuerzas que se destruirían mutuamente.

En mi pensamiento dibujaba imágenes de guerrilleros que atacaban a soldados, militares maniobrando y resistiendo valerosamente contra el enemigo de la patria, veía humo, sangre, ambulancias que evacuaban militares heridos; escuchaba explosiones y lamentos de dolor, pero nada de esto me detenía para continuar orientando mi esfuerzo hacia el sur, estaba decidido a todo, resuelto y seguro de que, por encima de cualquier cosa, mi Batallón no sufriría una derrota.

Por otro lado, el seguimiento a esa misión la hice, como es costumbre, mediante programas radiales establecidos a horas puntuales de la mañana y de la tarde; con ese intercambio de comunicaciones con el capitán Melo supe que él y sus hombres estaban adelantando esfuerzos militares para evitar un descalabro y que también estaban operando permanentemente para sorprender y golpear a las Farc.

Una vez comprometida la reserva en Calamar, el Batallón París quedó con las tropas mínimas para proteger el extenso perímetro que ocupaba, por tratarse de una unidad táctica ubicada en una peligrosa zona de orden público.

En la tarde de ese mismo día, de regreso a la oficina marqué desde mi teléfono el número del Hotel Monserrate una vez más, eran casi las 2:30–3:00 p.m., y finalmente pude hablar con Leonardo Iván Cortés, juez de aquella localidad llanera.

—Buenas tardes, señor Juez —lo saludé.
—Buenas tardes —me dijo él en tono de desconfianza.
—Soy el Mayor Hernán Orozco, Comandante del Batallón París en San José del Guaviare.
—Sí señor… ¿en qué lo puedo ayudar?

—Señor Juez, primero que todo quisiera saber de su propia boca, los detalles del famoso juicio popular que le hizo la guerrilla hace unos meses.

—Sí, claro, eso fue en mayo… la guerrilla llegó y reunió a todo el pueblo, dijeron que estaban allí para hacer un juicio revolucionario a todas las autoridades… El alcalde no estaba ese día, algunos habitantes se quejaron de él, pero nadie se quejó de mí, así que me absolvieron y como no había más funcionarios, se fueron.

—Me queda claro señor Juez, gracias. Y dígame, ¡cómo están las cosas por ese lugar!

—¡Quería decirle que esta mañana unas personas con fusiles entraron a patadas a mi residencia… me quitaron las llaves de mi casa y me ordenaron que no trabajara!

—Un momento señor Juez… necesito buscar papel y lápiz para escribir lo que me está diciendo…, ahora sí, continúe.

—¡Creo que Castaño está aquí, Carlos Castaño!

Con cierto afán anoté en un pedazo de papel todo lo que me decía el juez. Al final de su exposición y sabiendo que estaba frente a un tema muy delicado, le dije:

—Señor Juez, quiero darle el número telefónico de mi oficina, para que me llame cuantas veces sea necesario a fin de que me mantenga informado de lo que esté sucediendo en Mapiripán…

—Sí señor, —contestó él— dígame cuál es…

Después de darle el número, agregué —señor Juez, a partir de ahora, cada vez que llame, usted va a preguntar por Pedro, ese será el nombre clave para utilizar entre nosotros dos.

—Entendido don Pedro, —dijo él.

—Una última pregunta, señor Juez: ¿usted cree que sería oportuna la presencia del Ejército ya mismo?

—¡No…no…! De ninguna manera, no queremos estar en el fuego cruzado, además ustedes vienen por poco tiempo y el día que se van, la guerrilla toma represalia contra nosotros.

—Entendido señor Juez (desde muy joven como militar, adquirí la costumbre de hacer esa pregunta específica, para medir en la respuesta el grado de emergencia que las autoridades o personas viven en ese determinado momento y, en consecuencia, preparar la acción o recomendación militar pertinente); pero en este caso era obvio que se tenía que actuar al instante.

Colgué la bocina del teléfono… me levanté de mi silla, estaba solo en la sencilla oficina cuyo piso de baldosa siempre lucía limpio y brillante, sus paredes estaban pintadas de blanco, tenía aire acondicionado, dos escritorios (el de mi secretaria y el mío), una biblioteca de madera con la documentación de mi cargo, una fotocopiadora, el mapa del departamento del Guaviare detrás de mi silla, un perchero a la izquierda en donde cuidadosamente ponía cada día mi subametralladora personal Colt 9 mm; el lugar tenía tres puertas… la del baño, la de uso diario y la que conducía a la sala de reuniones, este era el sitio desde donde supervisaba como Ejecutivo del Batallón.

Mi despacho tenía una amplia ventana y desde allí se podían observar algunos techos color terracota de viviendas de San José del Guaviare que se destacaban a través de los pocos árboles que había entre nosotros. Mirando hacia la ciudad a través del vidrio, reflexioné sobre la información que acababa de recibir de parte del Juez de Mapiripán y de otras personas… ¿Paramilitares en el Guaviare?, ¿paracos en Mapiripán?, ¿tráfico fluvial detenido en Charras? ¿700 guerrilleros cercando mi compañía de fusileros en Calamar? Era como si de repente, con la ida del Comandante del Batallón a vacaciones, toda la jurisdicción del Batallón París hubiera entrado en estado de convulsión.

Un leve escalofrío recorrió mi cuerpo… me sentí caminando sobre un campo minado y el instinto me dictó tres mensajes: prudencia, transferencia y sugerencia.

La prudencia me hizo desconfiar en el acto de la mayoría de Oficiales y Suboficiales que estaban en el Batallón París y en la Brigada Móvil 2. En la época del 97, un buen porcentaje de militares del Ejército Nacional apoyaban desde el anonimato la acción de los grupos de autodefensas. Uno escuchaba exhortaciones impetuosas de Comandantes que incitaban nuestro odio hacia la guerrilla, pero nunca se escuchaban voces que censuraran a los grupos paramilitares liderados por Carlos Castaño. Eso jamás. Prácticamente no existía política institucional militar contra esos criminales, así que solamente la integridad y la honestidad de los tantos militares correctos, era la fuerza moral que cada quien tenía para mantenerse alejado de esos malhechores.

La prudencia me inducía a ser muy cuidadoso con la manera de compartir la información que acababa de obtener; inesperadamente empecé a sentir una terrible sensación de soledad, advertí que sólo podía comunicar la grave situación a dos personas, una de ellas estaba en mi órbita exterior, el General Uscátegui, y el otro, el Mayor Harvey García, en mi órbita interior.

Frente a semejante amenaza paramilitar, sólo existía un oficial en quien podría confiar plena y totalmente: mi Comandante de Brigada, el señor Brigadier General Jaime Uscátegui Ramírez, mi línea de mando inmediatamente superior y, a quien estaba en la obligación de informar.

La prudencia dio paso a la transferencia y me impulsó a llamarlo de inmediato – ad actum – vía microondas (línea telefónica militar) a esa ciudad para reportarle personalmente la situación que acababa de conocer:

—Buenas tardes, Séptima Brigada, habla el ayudante de Comando.
—Buenas tardes, habla el Mayor Orozco, Comandante encargado del Batallón París, necesito hablar con mi General Uscátegui, por favor.
—Un momento mi Mayor —dijo la otra voz.
—Hola Orozco, dígame.
—Buenas tardes mi General, el Comandante del Batallón París se reporta con la siguiente novedad…
—Siga…
—**Mi General, lo llamo para informarle que me comuniqué con Mapiripán, hablé con el Juez y me corroboró los detalles del juicio popular; ¡pero también informa que existe presencia de paramilitares en esa localidad desde esta mañana, armados con fusiles, mencionó que le pareció ver a Carlos Castaño!**
—¡Ríndame un informe, Orozco!
—Como ordene mi General.

La llamada hecha al General terminó con esa concreta, directa y solitaria orden: enviar un informe. Yo estaba esperando que mi Comandante de Brigada me diera alguna instrucción especial o que me hiciera alguna pregunta. Pero, no, él simplemente se limitó a escuchar lo que yo decía y se despidió con ese mandato.

Ahora, además del inminente enfrentamiento en Calamar, tenía un segundo motivo de preocupación: paramilitares que hacían presencia en otro municipio del Batallón París.

Mapiripán tenía más peso que Calamar en esa tarde del 15 de julio de 1997, al fin y al cabo ya había enviado más tropa de apoyo al sur. Y al evaluar mis opciones sobre este nuevo desafío, supe que al no tener más tropas disponibles, debía dar paso al tercer dictado del instinto: sugerencia, que implicaba redactar y enviar un reporte escrito a mi supervisor inmediato en la BR7 (Séptima Brigada) para denunciar la extraña presencia de esos delincuentes en el primer municipio.

Como sabía de antemano que le iba a formular un problema a mi Comandante de Brigada, decidí también hacerle las recomendaciones pertinentes para facilitar su acción de comando. Y ello implicaba informarle adecuadamente sobre los medios locales disponibles.

Por lo tanto, hice a un lado todas las demás actividades y me dediqué en exclusiva a preparar un informe sobre Mapiripán. Lo primero que hice fue ir a la sección de comunicaciones de mi Batallón y llamar por radio militar al Barrancón. La Infantería de Marina tenía en ese lugar el Puesto Fluvial Avanzado 51 y su Comandante, el Capitán Fagua, me confirmó que sus lanchas tipo Piraña no estaban disponibles:

—Platino 6*, Platino 6 de Pórtico 5…. Cambio…
—Recibido Pórtico 5, siga…
—Erre… necesito a Platino 6… cambio.
—Recibido…. Un momento por favor… cambio…
—Buenas tardes Pórtico 5, este es Platino 6… siga…
—Buenas tardes Platino… quería saber si sus lanchas tipo Piraña están en condiciones de operar… cambio…

—Recibido Pórtico[46]... todas mis unidades se encuentran fuera de servicio por mantenimiento de motores en este momento... cambio...

—QSL, Recibido Fagua, gracias... fuera...

Enseguida me fui a la amplia zona en donde estaban estacionados los helicópteros de la Brigada Móvil 2, quería comprobar que los aparatos estuvieran operacionales, así que los vi y los toqué.

Cuando regresé a mi oficina, recibí una llamada del Sargento Urueña, quien se desempeñaba como Comandante del Aeropuerto en San José. Me decía que a través de la Policía Antinarcóticos se había enterado de un incidente en Mapiripán. Una avioneta había aterrizado en este aeropuerto y el piloto había manifestado que hombres armados en la pista de Mapiripán habían detenido a los pasajeros que llevaba ese día.

Y para completar el ciclo de informaciones sobre este municipio, esa tarde también me llamó el oficial de Inteligencia a cubierta, el Teniente Calderón, él me reportó vía fax y verbalmente lo que ya sabía por boca del propio Juez... —Mapiripán otra vez, me decía a mí mismo—. Caída la noche llegué a casa, cené en compañía de mi esposa y compartí unos minutos con mi pequeño hijo Felipe, quien disfrutaba que lo meciéramos en una hamaca antes de dormir... A las 10 de la noche estaba de regreso en mi oficina, todos los datos que necesitaba estaban en mi cabeza, así que me dediqué a escribir el reporte que había pedido el General Uscátegui.

Para mí era crucial bautizar adecuadamente el documento que enviaría a mi Comandante de Brigada. Encontré los datos en el manual de registro y correspondencia militar en la clasificación 256, que estaba definida como *Informe Inmediato de Orden Público*.

Ese título lo decía todo... regresé frente al computador y tiempo después terminé ese importante requerimiento del General.

---

[46]   Platino 6 era el indicativo del Capitán de Infantería de Marina Fagua, Pórtico 5 el que utilizaba el Mayor Orozco; Alacrán 1, el Capitán Romero en Calamar; Buitre 2, el Capitán Melo en Calamar; Cobra 2, el Capitán Paredes en El Retorno.

Ese martes 15 había sido un día largo, larguísimo, interminable... Mapiripán fue el nombre que más se escuchó en todas mis comunicaciones, me fui a dormir con cierta intranquilidad y al día siguiente me levanté angustiado muy temprano.

La electricidad en el Batallón la proveían dos plantas eléctricas que se alimentaban con ACPM, cuando la una trabajaba, la otra descansaba. La luz se racionaba por horas y yo decidía el lapso de tiempo, pero esa mañana del miércoles 16 de julio estaban prendidas desde las 6 a.m. porque tenía necesidad de enviar el oficio a Villavicencio.

Hablé personalmente con el ayudante de Comando del Batallón París, Sargento José Enrique Gil Taborda, y le pedí que registrara el documento, escribió los datos pertinentes en su libro y le asignó el número 2919; al entrar a la oficina del Coronel Ávila, encontré la pequeña máquina fax color blanco, quizá era una Panasonic, digité el número del telefax de Villavicencio y me aseguré de que ese documento hubiera sido transmitido satisfactoriamente.

El Oficio N.º 2919 era un reporte de dos hojas con impresiones reales plasmadas en papel. El envío de esa novedad me ayudó a alivianar mis preocupaciones emocionales sobre Mapiripán. En mi opinión, con ese fax ahora quedaba oficialmente transferida la seria novedad a la máxima autoridad en mi cadena de mando, en él no me había conformado con exponer un problema, también había dado una recomendación para restablecer la autoridad amenazada en dicha localidad.

Y para asegurarme de que el Oficio N.º 2919 fuera tramitado oficial y legalmente, imprimí otra copia y la envié por los canales de comunicación vía valija militar hasta Villavicencio. Estoy convencido de que obré conforme al Manual de Estado Mayor, que en uno de sus apartes señalaba como una de mis funciones INFORMAR, más aún en este caso en el que yo carecía de los medios operacionales para actuar y contrarrestar aquella grave situación.

Ahora tenía una angustia menos en mi corazón, la tranquilidad había recobrado fuerzas al pasar a las mejores manos la problemática de Mapiripán. ¿Cómo podía desconfiar de mi General Uscátegui? Ese pensamiento jamás pasó por mi imaginación. Al fin y al cabo, pensé que cuando él leyera mi Oficio desplegaría ayuda inmediata sobre Mapiripán siguiendo las urgentes recomendaciones que le había sugerido.

De esta manera me sentí mentalmente más despejado y de nuevo enfocado en la posible amenaza de Calamar.

En las noches siguientes me fui a descansar esperando que la confrontación con la guerrilla se diera, pero era tanta mi preocupación y mi ansiedad, que no podía dormir. Pasaron los días miércoles, jueves, viernes y amaneció el sábado mientras yo esperaba las novedades del sangriento enfrentamiento con las Farc al sur en Calamar. Pero de repente, el día domingo 20 de julio me sorprendió la noticia de una masacre en Mapiripán que yo mismo le había vaticinado ni más ni menos que a mi propio Comandante de Brigada.

Entre los días miércoles 16 y sábado 19 de julio, el juez Cortés Novoa me llamaba para decirme que la presencia paramilitar continuaba, pero que nada grave había sucedido; cuando él marcaba a mi oficina, las llamadas solían tardar unos pocos minutos, eran breves, concretas y versaban siempre sobre el tema de los paramilitares, recuerdo en especial una de ellas:

—Buenos días, don Pedro.
—Buenos días señor juez, ¿cómo están las cosas por ese lugar?
—Esa gente sigue por allí, nada lamentable ha sucedido, ellos aparecen y luego se van.
—Señor juez, ya el Comandante de la Brigada conoce lo que allí está sucediendo, pero me parece importante que usted también le envíe a él

un fax, para que reciba un reporte directamente de usted… El número es el siguiente, escríbalo por favor…

—Listo, ya lo tengo. Gracias don Pedro…

—Listo, señor juez…

—Don Pedro, necesito preguntarle algo…

—Con gusto, dígame por favor…

—A mí me gustaría trabajar en otra entidad como el CTI, en otro lugar, ¿usted me podría ayudar de alguna forma?

—No estoy seguro cómo, pero podría preguntarlo cuando tenga la primera oportunidad…

—Gracias, don Pedro… Bueno, hasta luego…

—Adiós, señor juez…

Con total claridad recuerdo que en esa conversación le dije que ya había notificado al General Uscátegui, que estaba seguro que se procedería de parte de esa comandancia. Las investigaciones penales posteriores confirmaron que infortunadamente el señor General actuó en contra de esa lógica. ¿Pero cómo podría yo siquiera imaginarlo esa semana?

El día 17, o tal vez el 18 de julio le di al Juez de Mapiripán el número del telefax de la oficina del General Uscátegui y le dije que me parecía importante que él también se comunicara con Villavicencio y le contara directamente al General lo que sucedía en la población, pero el juez nunca lo llamó, no entiendo por qué, esa pudo haber sido otra alternativa de ayuda que confirmara el reporte hecho en el Oficio N.º 2919, pero el Juez sencillamente no la utilizó, tampoco estaba obligado.

Yo tenía todo mi enfoque y mi atención sobre Calamar, cada amanecer era más incierto que el anterior y el día siguiente arrastraba la incertidumbre acumulada durante los días anteriores.

El viernes 18, aproximadamente, observé tropas de la Brigada Móvil 2 que realizaban movimientos aéreos desde San José del Guaviare, asumí que se dirigían a Mapiripán. El juez me llamaba y yo le manifestaba que estuviera tranquilo, pues al ver esos movimientos creía que las naves iban hacia esa población.

Por desgracia y a pesar de que el General Uscátegui tenía desde hacía dos días mi Oficio, en el que le pedía urgente acción sobre Mapiripán, los transportes de tropas fueron dirigidos hacia Puerto Gaitán (en el departamento del Meta)[47], pero no sobre el sitio que yo había recomendado a la Brigada 7.

El señor General recibió mi Oficio 2919, el mismo en el que yo presagiaba un problema puntual y le recomendaba acciones para prevenirlo, pero misteriosamente pasaron cinco largos e interminables días y él no se pronunció con respecto a mi informe.

Nada, el común denominador fue silencio, mutismo, quietud. Ni una señal de humo se me envió para ampliar mi informe, para aclararlo o confirmarlo, no hubo la más insignificante gestión orientadora de parte de la Brigada.

Entre tanto, me dediqué a atender la situación riesgosa y peligrosa de Calamar, sumando a ella las múltiples tareas y actividades propias de mi cargo. La Brigada 7 se desentendió de mi reporte y de mi recomendación. Del dilema de Calamar salí cuando supe de la masacre de Mapiripán, así fue como inevitablemente entré a otro estado de zozobra: el de las investigaciones penales en mi contra.

---

[47] La orden de haber enviado esos batallones de contraguerrillas a Puerto Gaitán y no a Mapiripán la conocí años después, durante el desarrollo de las investigaciones penales.

Un año y medio después supe que la información sobre Calamar era falsa, con ella querían originar un movimiento de tropas en un lugar equivocado y buscar que sobre Mapiripán no existiera ninguna atención. Para llegar a Calamar, se realizaron 4 vuelos sobre una zona que supuestamente estaba a punto de ser cercada por más de 500[48] guerrilleros; cuando la nave aterrizaba o decolaba de ese lugar rodeado de subversivos, no se realizó ningún disparo, no se atacó al helicóptero, objetivo rentable para la subversión, y las tropas nunca confrontaron a un numeroso enemigo, era imposible por ser imaginario.

En conclusión, fue una situación como la que le inventaron los aliados a los alemanes en 1944. La invasión a Europa estaba decidida. El Mariscal Rommel le advirtió con anticipación al *Führer* que necesitaba las unidades de tanques en otro punto decisivo.

En la Segunda Guerra Mundial, durante la famosa operación desembarco Overlord[49], en uno de los momentos más críticos, mediante la sincronizada y sistemática difusión de informaciones falsas creadas por un hábil espía conocido como *garbo*, los nazis se abstuvieron de emplear sus divisiones Panzer sobre Normandía, para mantenerlas comprometidas y neutralizadas en Calais, Francia.

¿La razón? Estaban convencidos de que al frente, en Dover (Inglaterra), el General Patton, al mando de un gran Ejército[50], lideraría la operación de invasión a Europa por ese punto. Cuando se percataron del engaño

---

[48]   Sentencia Consejo de Guerra, págs. 25–26. Bogotá, 12 de febrero de 2001. Versión disciplinaria y testimonio del Mayor García Narváez (folios 182 C4 / 17 a–4 / 12 a–11 / 548 cv21). Declaración del Mayor García Narváez ante Juzgado Segundo Penal de Bogotá. Proceso 104–A–2, martes 19 de marzo de 2002, pág. 9.

[49]   Esta operación, mundialmente conocida como el día "D" o Desembarco en Normandía, en realidad se denominó militarmente "Overlord", que significa "Jefe supremo".

[50]   Nunca hubo tal Ejército, oficialmente se nombró como comandante al General Patton para impresionar e intimidar a los nazis, pero no había ni tropas ni medios. Todo fue una notable operación de engaño. Cuando los alemanes hicieron reconocimientos aéreos sobre Dover vieron una gran cantidad de tanques, vehículos, barcos y aviones fabricados a escala y hechos de caucho inflable.

y quisieron reaccionar, ya era demasiado tarde. Las cinco cabezas de playa se consolidaron y permitieron la invasión de por lo menos 170.000 soldados aliados. Rommel recomendó juiciosa y oportunamente a Hitler, pero éste hizo caso omiso, esto le significó perder a Alemania, la guerra, el *Reich* y hasta su propia vida.

Y este fue el mismo principio aplicado en Calamar para favorecer el accionar de las autodefensas en Mapiripán. Aquí se vio la figura del manejo del escenario de operaciones con el único propósito, ya preconcebido, de que no se pudiera hacer frente a la crisis desatada en ese municipio.

El señor General Uscátegui ignoró mi recomendación y perdió: a Mapiripán, una victoria sobre las autodefensas y además su gran carrera profesional. Frente a este evento único de su vida siempre será un procrastinador. A menudo me pregunto por qué él no actuó como se lo había sugerido en mi Oficio N.º 2919.

Ante la presencia paramilitar en Mapiripán yo tenía dos alternativas: la primera era operar y sofocar el problema directamente, pero carecía de tropas, pues engañado se me hizo creer que Calamar requería la inversión de mi reserva; la segunda opción era notificar a mi Comandante inmediato y lo hice con el Oficio N.º 2919, en el cual redacté una sugerencia de acción inmediata en un importante párrafo, pues en la moderna administración militar los subalternos recomiendan y los jefes toman la decisión, si la recomendación no se tiene en cuenta, el Comandante que la ignora asume la responsabilidad. El señor General Uscátegui renunció con su silencio e indiferencia a ese privilegio de quien gerencia recursos humanos para, infortunadamente, favorecer las condiciones que terminaron en una lamentable masacre.

Ustedes se preguntarán en este momento por qué no llamé al General para recabarle el oficio que él mismo me había ordenado enviar. Quizá debí hacerlo, digo ahora, pero en esa época, por formación y deber funcional, tenía la obligación de informar la novedad pero no la de hacerle seguimiento. Como subalterno nunca fiscalicé el progreso de las tareas de mis superiores ni el desempeño de uno de los mejores Generales que tenía el Ejército colombiano, esa es una práctica que se utiliza de superior a subalterno, pero no viceversa.

Y para resolver cualquier duda que pueda haber quedado, deseo agregar que lo reportado en el Oficio era tan cierto, tan grave, tan preocupantemente peligroso para mí como subalterno en el grado de Mayor, que la lógica indicaba acción, reacción y una respuesta militar inmediata, ayuda era lo que se tenía que desplegar desde la comandancia de un General de la República. La copia del Oficio 2919 se puede leer en la página 176 de este libro.

En la actualidad tengo una condena de 38 años y 7 meses, impuesta por un juez, simplemente bajo el supuesto jurídico de no haber recabado tal Oficio y por no haber llamado al General cuatro veces más.

El registro mental de las cosas que sucedieron el 14, 15 y 16 de julio de 1997 es bastante diáfano para mí, nada distinto sucedió entre el 17 y el 18 con respecto a los temas hablados con el Juez de Mapiripán. Algo que también queda muy claro en ese marco que abarca el lapso del martes 15 al 19 de julio de 1997 es: el juez nunca mencionó la muerte, ni siquiera la tortura de una sola persona, al contrario, siempre habló de retenidos. Este testimonio lo ofrezco a partir de esa realidad.

Aunque en esa semana tenía toda mi concentración operativa en Calamar, recuerdo que recibía breves llamadas del Juez en las que él afirmaba que nada, nada grave había sucedido, en éstas siempre quedó grabada en mí la imagen de un representante de la ley que asume el rol de defensor de todos los ciudadanos, aun a costa de su propia vida, arriesgándose por las personas que estaban retenidas y en poder de los criminales paramilitares.

El juez se transformó en la voz de los indefensos amenazados, se elevó de manera proactiva a la máxima expresión de representación del Estado y con su valiente actitud influyó en un hecho importantísimo: que ninguna persona muriera entre el martes 15 y el sábado 19 de julio de 1997, además, reafirmo que cuando me llamaba, su reporte se limitaba a repetir que los *paracos* continuaban allí, pero que nada atroz había sucedido.

De mi parte, debo aclarar que soy un hombre con escrúpulos, sensible con respecto a la tortura y más aún a las muertes violentas, por lo tanto, si en algún momento el juez Cortés Novoa hubiera reportado un asesinato en Mapiripán, mi obligación moral militar me habría compelido, por sentido común humanitario, a reportarlo a mi Brigada, nunca a ocultarlo. Frente a este polémico tema, tengo tranquilidad de alma y de conciencia: el señor Juez nunca comunicó muerte alguna, así que no entiendo por qué después declaró que sí lo había hecho.

Por otro lado, si el General Uscátegui hubiera actuado en ese lapso, cuando fue advertido por medio del Oficio ya citado, la tragedia de los asesinatos cometidos en la madrugada del 20 de julio se hubiera evitado. ¿Por qué un General de la República, con las capacidades superiores que él tenía, con mayor experiencia y formación que yo, ignoró la alarma contemplada en ese escrito?

Los subsiguientes días iban a ser memorables, imposibles de olvidar, por la serie de absurdos que se presentaron.

El Comandante de las Fuerzas Militares, General Hárold Bedoya Pizarro, tenía programado visitar la Escuela de Fuerzas Especiales en el Barrancón y el lugar de aterrizaje sería San José del Guaviare. Los honores militares que por protocolo debería recibir, se ejecutarían en el Batallón París.

Entre el 16 y el 18 de julio de 1997, el General Uscátegui llamó por teléfono al Coronel Ávila, le ordenó suspender vacaciones para que estuviera presente durante la llegada de quien en ese momento le hacía contrapeso político al Presidente de la República. ¿Un General llama a un Coronel, lo reactiva en el servicio, preocupado más por un acto social que por una posible masacre? Esta actividad de protocolo y etiqueta tuvo mayor prioridad en la agenda militar del General.

El sábado 19 de julio de 1997, Ávila apareció en San José. Y esa fue la razón por la cual toda la Plana Mayor del Batallón París se reunió con él la misma tarde. Cuando un Comandante de Batallón se reintegra a su unidad, la primera actividad que se desarrolla es la de actualizarlo con todas las actividades pasadas, presentes y futuras. Y por obvias razones yo necesitaba informarle personalmente a mi jefe lo que estaba pasando en Mapiripán.

Después de la breve reunión con cada jefe de dependencia, se marcharon y quedamos solamente el Coronel Ávila, el Mayor García y yo. El Mayor García le habló del apoyo enviado a Calamar, luego yo le informé la situación que se estaba presentando en Mapiripán. El hombre no se inmutó, yo diría que no le importó. Le entregué el Oficio N.° 2919 y lo leyó, pero no dijo nada, yo pensaría que le fastidió. No hizo comentario alguno. Su mente estaba en otro lugar. Pero como era nuestro deber, a él se le transfirieron las dos preocupaciones mayores: Calamar y Mapiripán.

Cuando terminé mi exposición, llamaron al Coronel Ávila:

—¡Mi coronel, mi General Ardila lo necesita en la radio!

Salimos los tres corriendo como pollos de granja para la sección de comunicaciones:

—¡Recibido mi General, qué ordena!
—¡Ávila, esta noche pernocto en su Batallón, así que recíbame en el aeropuerto de San José!
—Como ordene mi General —contestó el Coronel.

Aproximadamente a las 5:00 p.m. de ese sábado 19, la avioneta asignada al Comandante de la Cuarta División sobrevoló dos veces el Batallón París: el General Ardila nos había visitado tres semanas antes, nos dejó un sinnúmero de órdenes y quería ver con sus propios ojos que el

Batallón estuviera impecablemente presentado para la ilustre visita del General Bedoya Pizarro.

Esa noche, cuando en Mapiripán los asesinos integrantes de las autodefensas seleccionaban a sus víctimas, en el Batallón París recibíamos al Comandante de la Cuarta División, Mayor General Agustín Ardila Uribe. Y da tristeza llegar a la conclusión —15 años después— de que en esa vespertina, en la que se hubiera podido hacer algo, no se hizo nada. Para un Ejército con la experiencia del colombiano, nunca es tarde para maniobrar militarmente si se hubiera tenido la voluntad de hacerlo.

Ese sábado me fui a dormir convencido de que el Coronel Ávila le notificaría al General Ardila la gravísima situación que se estaba desarrollando en Mapiripán, así que me acosté preparado para levantarme de inmediato y acudir a su llamado a responder las muchas preguntas que me pudieran hacer. Pero no, no fue así, otra noche se fue, otro amanecer llegó, e irónicamente dos Generales y un Teniente Coronel sabían del contenido del reporte 2919 pero ninguno se había pronunciado al respecto, parecía que a todos les interesaba ignorar el tema del accionar paramilitar y sólo impresionar al General Bedoya, quien en pocos días llegaría al Guaviare.

MACABRO EPITAFIO

Batallón París, San José del Guaviare,
domingo 20 de julio de 1997

"Hay momentos de frío en los que estrangulas palomas,
y te calientas con sus alas".

Vladimir Holan[51]

Ese día me levanté muy temprano y desde las 5 a.m. empecé a inspeccionar el Batallón, debía garantizar que cada lugar luciera limpio, ordenado y además seguro por el nivel del visitante que teníamos. El Coronel Ávila no se despegaba del General Ardila y yo continuaba coordinando innumerables actividades administrativas con el fin de preparar el Batallón para la llegada del General Bedoya Pizarro.

Resueltas mis actividades iniciales, entré a mi oficina, el Coronel Ávila estaba con el General Ardila caminando frente al edificio de comando.

Me senté y sonó el timbre del teléfono… yo diría que eran las 8 a.m.

—¡Don Pedro, amanecieron unas personas decapitadas acá! Don Pedro, por favor… ¡ayúdeme a salir de este lugar de inmediato!
—¡Juez, acá hay un helicóptero militar, hablaré para que lo envíen!
—¡No, don Pedro, no quiero nada militar!

---

[51] Poeta checo nacido en Praga el 6 de septiembre de 1905, muerto en Kampa el 31 de marzo de 1980; es considerado el gran poeta checo del siglo XX. Sus primeros años transcurrieron en el campo, a partir de los quince se radicó en la capital, estudió leyes, desempeñó varios oficios, viajó por Italia y allí publicó sus primeros poemas.

Interpretando la gravedad de lo sucedido, de lo que yo mismo había profetizado, llamé al Coronel Ávila, pues como Comandante titular él debía conocer esta noticia directamente.

El Coronel Ávila llegó de inmediato, se sentó en mi silla y atendió el angustioso clamor del Juez. Yo salí y me fui a reportar lo sucedido al Comandante de la Cuarta División, quien se encontraba caminando lentamente mientras fumaba un cigarrillo.

—¡Permiso sigo, mi General!

El alto y delgado militar asintió con la mirada mientras botaba humo por su boca.

—¡Mi General, el Juez de Mapiripán acaba de llamar… reporta que hay varias personas muertas y decapitadas en ese municipio…!
—¿Y usted cree que esos muertos eran personas buenas?

Así, con esa sobrada indiferencia acompañada de otra bocanada de humo, respondió el Mayor General Ardila, Comandante de una División Colombiana… ¡Qué tristeza… qué epitafio![52].

Me retiré de su presencia sudando miseria, el cuerpo me picaba. No pude contener mi indignación por su falta de responsabilidad profesional y por su carencia de sensibilidad social y humanitaria.

---

[52] Esta aseveración, bajo gravedad de juramento, aparece consignada en la indagatoria del Teniente Coronel Orozco, rendida ante la Fiscalía General de la Nación el 25 de marzo de 1999, la misma versión se mantuvo el 28 de diciembre de 2000 durante la última audiencia pública que celebró el Consejo Verbal de Guerra.

CASTRA CIRCUS[53]

San José, 20 al 24 de julio 1997

"La indiferencia es el apoyo silencioso a favor de la injusticia".

Jorge González Moore[54]

Ni al coronel Ávila ni al General Ardila les importó que el juez hubiera reportado ese domingo decapitaciones en Mapiripán. Conocedores de las muertes, al instante se olvidaron del asunto, nadie hizo comentario mediano ni pequeño. Era como si el tema sobre paramilitarismo fuera prohibido, como cuando en la Alemania nazi era ilegal juntarse con un judío.

La cruel respuesta que el General Ardila dio a mi reporte me dejó incómodo, ofendido, así que me replegué a realizar las innumerables tareas que como administrador del Batallón tenía. Estaba claro que nadie quería escuchar, hablar ni actuar frente a ese tema. Había sido relegado por el silencio del Comandante de la Brigada, la apatía del Coronel Ávila y la brutalidad del Comandante de la División. Noté que me estaba exponiendo demasiado, así que no volví a referirme al asunto, pero no por mucho tiempo, porque al día siguiente tendría la oportunidad de exponerlo a otro General.

El domingo 20 de julio, aniversario de la Independencia de Colombia, transcurrió como cualquier día normal en el Batallón París. El General Ardila y el Coronel Ávila continuaban reunidos sin tomar ninguna decisión sobre ese municipio, mientras que allá en Mapiripán la gente

---

[53]   Frase en latín que significa Circo militar.

[54]   Escritor, poeta e ingeniero colombiano nacido el 24 de marzo de 1974 en Bogotá, de gran versatilidad, su obra refleja una profunda mirada sobre la vida y las relaciones humanas.

estaba aterrorizada, huyendo y abandonando sus ranchos. Ninguna acción se coordinó ese día… ninguna orden se emitió… *con su actitud ellos daban a entender que Mapiripán merecía ese castigo de las autodefensas. ¡Es innegable que estos oficiales estaban permeados por el espíritu paramilitar!*

Yo pasé el día en mi oficina terminando todos los preparativos para la llegada de la cúpula militar que nos invadiría temprano el lunes…, ya no me acordaba siquiera de Calamar.

El mismo domingo en la tarde sonó el teléfono, sería la penúltima[55] vez que escucharía esa voz:

—Don Pedro, estoy en San José… —dijo el juez Cortés.

La cara se me caía de la vergüenza que sentía… tomé un respiro profundo y le dije:

—Señor Juez, me gustaría conocerlo, sería posible visitarlo esta noche, lo invito a comer… ¿dónde está usted…?

Me sentía abochornado, quería tener un acto de decencia con ese hombre a quien primero conocí por su voz:

—Claro que sí, don Pedro, me estoy alojando en el Hotel Apaporis.
—Listo, entonces nos vemos allá a las 6 de la tarde.

Le informé al Comandante del Batallón, Teniente Coronel Ávila Beltrán, que el Juez de Mapiripán estaba en San José del Guaviare y que había acordado una cena con él.

El Coronel continuaba reunido con el General Ardila, así que sin negar aprobarme el permiso para salir del Batallón, me miró y escuchando sin escuchar, me dio la espalda y regresó al lado del General que lo tenía ocupado con la emisión de instrucciones adicionales para la llegada del General Bedoya Pizarro.

---

[55] El último contacto telefónico con el juez Cortés Novoa ocurrió en septiembre de 2008, desde Miami a Europa.

A las 6 p.m. aproximadamente, llegué al Hotel Apaporis, una instalación sencilla ubicada en una esquina y desde donde se podía ver la terminal del Aeropuerto. Vi llegar a un grupo familiar, se trataba del juez Cortés con su esposa Rosario y sus hijos, estaban acompañados de Sasha, la hermosa perra dálmata.

Nos dirigimos al mejor restaurante que tenía San José, que estaba ubicado en el Hotel El Pórtico, allí nos sentamos, disfrutamos una cena sencilla, cordial y respetuosa. Yo venía en compañía de mi esposa, Olga Lucía, y también del médico del Batallón, el Teniente Mauricio Rosales, quien estaba con su señora, Sandra. Hablamos un poco de Mapiripán, sin reproches, acusaciones ni señalamientos.

Procuré explicarle al señor Juez las circunstancias militares que estaba viviendo y él pareció entenderlas, lo invité a que se reuniera con toda la cúpula castrense que el día martes estaría en San José del Guaviare, pero no mostró ningún interés, no tenía ningún sentido ante los hechos ya consumados. Esa noche su incredulidad hacia el Ejército era evidente.

Es importante resaltar que si el señor Juez hubiera informado muertes durante la semana del 16 al 19 de julio de 1997, no hubiera sido lógico de su parte llamarme al Batallón el día que llegó de Mapiripán y mucho menos sentarse a manteles con "el insensible y apático Mayor Orozco", el mismo que no se había inmutado ante el diario reporte de muertes violentas que supuestamente él me había informado.

Al cabo de una hora, u hora y media quizás, nos despedimos. Lo conocí esa noche y nunca más nos hemos vuelto a ver, pero aún mantenemos una activa comunicación por correo electrónico.

Otro largo día había terminado para mí… sin embargo, la apatía del alto mando militar del Guaviare continuaría por cuatro días más…

El lunes 21 de julio amaneció con cielos imponentes, abiertos, azules, despejados y escasas nubes blancas. En el cuartel militar el desinterés por Mapiripán se acentuaba… el General Ardila se fue temprano hasta el Barrancón, su mente no tenía espacio para esa insignificante población.

La noticia de la masacre le había dado la vuelta al mundo la noche anterior, el Gobierno Nacional estaba inquieto, las Organizaciones de Derechos Humanos escandalizadas y el General Ardila, siendo el primero de su rango en saberlo, había optado por desconocer el hecho, con lo cual ratificaba su insensibilidad social. Más de 30 horas habían transcurrido después de las muertes en ese lugar y ni un solo dedo solidario se había movido, de parte del Coronel Ávila o del General Ardila, y menos aún del General Uscátegui, ellos eran los Comandantes directos, los de máxima experiencia, y yo continuaba relegado.

Fue entonces cuando desde Bogotá el propio Comandante del Ejército, asombrado con esa monumental apatía, le ordenó de manera imperativa al General Ardila presencia militar inmediata en ese municipio. Como por arte de magia la sacudida de esa voz fue más certera que mi reporte de las muertes, porque el General Ardila sacó soldados, tropas y naves de donde no había, y ese mismo 21 de julio fueron enviadas a Mapiripán…, demasiado tarde.

¿Por qué ellos, los de mayor rango y responsabilidad en el área, no pudieron lograr lo mismo oportunamente?, ¿por qué el General Uscátegui omitió coordinar el apoyo con el General Ardila, si sus oficinas están la una tan cerca de la otra? ¡No había interés ni voluntad para salvar Mapiripán!

En la tarde del 21 de julio, llegó a San José del Guaviare el Inspector de las Fuerzas Militares y futuro Comandante General (1998–2002), Mayor General Fernando Tapias. Con él tenía una gran cercanía y confianza, se apareció en mi oficina informalmente para unirse al grupo de visitantes que estarían con el General Bedoya Pizarro, le cedí por cortesía mi asiento y aprovechando que estaba sentado frente a él, de manera directa le conté los pormenores que conocía sobre la Masacre de Mapiripán, le hablé de mi desconfianza hacia el Coronel Lino Sánchez y le entregué una copia del Oficio 2919.

Él la ojeó rápidamente y me dijo…

—*Negro*, guarde bien ese original…

El escrito permanecería en su escritorio, en Bogotá, archivado durante 5 meses en estado de anonimato documental. Tiempo después, cuando el

General Uscátegui entendió que era un documento comprometedor, me envió a Bogotá a recuperarlo… ¡Misión imposible!

Finalmente, llegó el día más importante para el General Ardila y todo el Batallón París, el martes 22 de julio de 1997. La Unidad Táctica lucía espléndida, apareció caminando el General Bedoya acompañado del General argentino Martín Balza en medio de dos largas hileras de soldados que ondeaban banderas rioplatenses y colombianas. Honores militares fueron ofrecidos con ardorosa emoción, se entonó el Himno Nacional, se repartieron abrazos, el General Bedoya aceptó tomarse una foto con mi bebé Felipe; el General Balza le regaló a mi esposa un prendedor, una hoja seca de las pampas argentinas bañada en oro que ella aún conserva y luce en ocasiones especiales.

Al mediodía todos los Generales, escoltas y personajes estaban en el Barrancón, las atenciones y protocolo fueron traslados a esa orilla del río Guaviare.

Entonces, me dirigí al casino de Oficiales y de un vehículo de la Policía Nacional se bajaron varias personas, una de ellas, muy joven, se dirigió a mí diciendo:

—Buenas tardes Mayor, soy Luis Manuel Lasso, Asesor Presidencial de Derechos Humanos, el Presidente Samper me envió, debo llegar a Mapiripán.
—Bienvenido doctor Lasso, por favor siga al casino mientras reporto su presencia al Comandante del Batallón.

Pero nadie estaba en el Batallón París, todos los visitantes estaban en el Barrancón.

Esa mañana, un helicóptero Bell UH–1D Iroquois de la Fuerza Aérea Colombiana había estado transportando tropas desde El Retorno hasta Mapiripán, el General Ardila le había dado la orden al Mayor García de permanecer en ese municipio.

Cuando la delegación presidencial llegó al Batallón, el helicóptero aterrizaba; mientras el doctor Lasso almorzaba, el helicóptero era cargado con combustible y en tanto los pilotos y visitantes descansaban del calor, yo pedía permiso para enviar al Delegado del Presidente en esa nave color verde oliva:

—Autorizado —contestó una voz por la radio…
—Doctor Lasso, listo su transporte…

El piloto entonces me dijo que llevara a los pasajeros hasta ese extremo del campo de paradas del Batallón…, hacía mucho calor.

—¡Negativo! —Le contesté—. Esta es una Delegación Presidencial, mueva su helicóptero hasta este punto!

En breve, el grupo de personas y el doctor Lasso estaban dentro de la imponente nave.

El aparato aceleró turbinas, empezó a levantar vuelo, hizo un lento giro, se distanció de todos los árboles… de repente, de la nada, apareció un vehículo Toyota azul envuelto en una nube de polvo, se bajó un militar y empezó a agitar sus brazos desesperadamente… era el Mayor General Ardila quien le ordenaba al piloto aterrizar la nave; la Comisión Presidencial fue desmontada y regresó caminando de nuevo hasta el casino de Oficiales. En una amplia sala el Comandante de la División les habló por un prolongado rato y el resultado de esa imprudencia le costó a la Delegación del Presidente Samper retardar su llegada a Mapiripán hasta el día siguiente.

El día 22 de julio terminó con un ilustre representante presidencial burlado por un torpe militar, asumo que ofendido e incómodo pasó la noche el enviado de Palacio.

El doctor Lasso finalmente logró viajar a Mapiripán el miércoles 23. En ese municipio ya estaba el Mayor García y en ese lugar lo acompañaría. De su seguridad se encargaría el gran Oficial, nada había que temer, ¡el Mayor era de los que sabía cumplir con su deber!

En cambio, las cosas eran diferentes en la pista del aeropuerto de San José. El General Ardila se alistaba para abordar un imponente avión DC–3, a cuya piloto le obsequió su extravagante boina de color rojo con un sol dorado, símbolo del generalato.

—Súbase Ávila, —tartajeó el General…

—Como ordene mi General, —contestó el Coronel…

Luego se subieron dos jóvenes y hermosas suboficiales que viajaban con el General frecuentemente.

El avión se acomodó en la pista, enfiló su aerodinámica nariz hacia el Oriente, con fuerza y elegancia decoló, hizo un amplio giro y se dirigió al sur, su destino era Puerto Leguízamo (Putumayo), esa noche dormirían en las instalaciones de la Fuerza Naval del Sur.

Un General con mejor criterio, con el mínimo discernimiento, entendería que la situación de Mapiripán no podía haber quedado olvidada ni resuelta con la visita del General Bedoya Pizarro. Por lo tanto, su juicio le exigiría como mínimo calcular que los lamentables hechos allí sucedidos tendrían mayores implicaciones y que requerían extremada atención. En consecuencia, yo esperaba que el Coronel Ávila se quedara al frente de su Batallón, pero no, por segunda vez, abordó otro avión y salió como pasajero desertor. Dos veces fugitivo fue, dos veces me dejó con los problemas y las intrigas.

La lógica indicaba que de alguna manera se tenía que compensar la situación de Mapiripán ordenándole al Coronel Ávila permanecer en su Batallón, pero no, al final del día, de nuevo quedaba poniéndole la cara a todos los problemas el Mayor Orozco.

El jueves 24 de julio, temprano como siempre, se realizó una vez más el programa radial con la BR7.

El Teniente Coronel Luis Felipe Molano, Oficial de Operaciones, estaba a cargo de comunicarse con todos los batallones… los llamaba por secuencia, a cada uno lo escuchaba… cuando contactó al Batallón París dijo:

—¡Orozco… un oficio como ese 2919 nunca se debe escribir Mayor!!!!

Me quedé callado, eso ya era demasiado… agaché la cabeza, respire profundamente, ¡quería gritarle a ese Coronel que era otro imbécil! Pero me contuve.

Para finalizar, el Coronel Molano sentenció en tono severo:

—Mayor… ¡recuerde que por la boca muere el pez!!!

No sé a qué clase de pez se refería, yo siempre me he creído un tiburón, pero esa noche me fui a dormir sintiéndome un sapo saltón.

DOCUMENTO COMPROMETEDOR

San José del Guaviare y Villavicencio, septiembre de 1997

"La inquietud es la mayor calamidad que puede alcanzar el alma, salvo el pecado".

San Francisco de Sales

E l Oficio N.º 2919 que le envié al Brigadier General Uscátegui Ramírez se convirtió en una evidencia inconveniente para el Comandante de la Séptima Brigada. Esto era entendible porque pronosticaba muertes violentas en esa población y ocurrió una masacre; recomendaba utilizar tropas disponibles de la Brigada Móvil 2 para restablecer el orden, evitar una tragedia y ningún esfuerzo se había realizado. Su omisión era, además de evidente, inmensa. En consecuencia, él consideró necesario reducirle el tamaño a ese posible delito.

Por ello, en la intimidad de su razón, el General decidió eliminar ese Oficio N.º 2919 original, desaparecerlo o suplantarlo por otro menos comprometedor. Primero fue su dedo índice en posición vertical, que se elevó amenazante, apuntando hacia el techo del comando del Batallón París, al tiempo que me decía, después de haber leído ese Oficio:

—¡Mayor, yo soy el Comandante de la Brigada, **pero usted me responde a mí**!
—Como ordene mi General. —¿Qué más podía yo decir a esas alturas del problema?—
—¿Quién más tiene copia de este Oficio, Mayor?
—El General Tapias, mi General.

—Bueno, ¿y por qué le entregó usted copia a él? —El General se quedó pensativo, se levantó y se fue contrariado.

Finalmente, él regresó a Villavicencio yo me quedé pensando: ¿responder, por cumplir con mi deber de informar?, ¿responder porque él no quiso actuar oportunamente ante ese Oficio?

En esos términos se despidió de mí en una de las visitas que hiciera a San José semanas después de la tragedia, no recuerdo la fecha con exactitud, quizá a mediados de septiembre. El General había marcado su terreno y estaba dispuesto a todo con tal de evitar una filtración.

—Mi Mayor... mi Mayor, mi General Uscátegui lo necesita en el microondas[56].

El Sargento Primero José E. Gil, ayudante de comando del Batallón París, hombre robusto, alto, de piel morena, sonrisa amplia y todo un caballero, me anunció de esa manera la inusual llamada.

—Gracias mi Sargento, —dije.
—Buenas tardes mi General, —¿qué ordena mi General?
—Orozco, he estado leyendo el Oficio N.º 2919 y me parece importante que le haga algunos ajustes...

El señor General dedicó parte de su valioso tiempo a darme algunas sugerencias para cambiar ese oficio por otro diferente. Ese día se comportaba muy amable, supongo que estaba sintiendo los rugidos de las investigaciones. Entonces, con una improvisada excusa le contesté:

—Lo siento mucho mi General, pero ya mi padre y mi abogado saben del documento y no hay nada que pueda hacer.

---

[56] Servicio confidencial y reservado de telefonía militar que se transmite vía microondas y que requiere la instalación de altas antenas especiales en cada batallón del Ejército.

Un espantoso silencio se apoderó del ambiente. El General se mantuvo callado por segundos que parecieron siglos, sentí el sufrimiento que lo atormentaba, percibí su decepción, su frustración, quizá en ese mutismo y en esa desesperada solicitud estaba reconociendo su error de dirección. Yo me sentí nervioso, impotente, acosado, abusado con esa insinuación, que evidentemente era la orden de un superior y cuya negativa presagiaba problemas a corto plazo.

Pero el General insistiría pocos días después.

—Orozco, mi General Uscátegui le envió este fax...

La intensidad de su determinación se hizo evidente.

El nuevo Comandante del Batallón París, Teniente Coronel Gustavo Sánchez, entró a mi oficina. Traía en sus manos una larga hoja de fax que le llegaba hasta las rodillas. El General Uscátegui le había ordenado que me la diera personalmente.

—Gracias mi Coronel, —le dije.

Me senté frente a mi escritorio y empecé a leer el contenido del mensaje. El General se había tomado la molestia de escribir, de su propia mano, varias ideas que si bien recuerdo, decían algo así, en una letra no muy elegante:

—*Numerales 1, 2, 3, 4, 5, 6 y 7 están bien...*
—*El numeral 8 se debe ajustar... no debe haber pronóstico...*
—*El numeral 9 lo tiene que quitar...*
—*El punto 10 es mejor que lo cambie por otra idea...*
—*No olvide deshacerse de este mensaje...*

Como un relámpago me levanté de la silla y con furia destrocé ese papel...

—¡Esta situación es insoportable... no aguanto más! —grité.

Entré a la oficina del nuevo Comandante del Batallón París y le dije:

—Mi Coronel, necesito viajar a Villavicencio a entrevistarme con mi General Uscátegui, me siento acosado.

Detrás de sus gafas redondas, tipo *Harry Potter*, el Coronel Sánchez asintió en silencio con su cabeza, conocía el pulso de poderes que se estaba presentando y tenía claro que no se podía interponer en medio de nosotros dos, que arriesgaba mucho si se inclinaba de mi parte, y demasiado si obstaculizaba al General, así que escogió la neutralidad.

El Coronel Gustavo Sánchez, hombre de baja estatura, piel blanca y casi calvo, permaneció en su oficina. Mientras, yo me fui a casa, serían las 10 de la mañana, al llegar me senté en la hermosa hamaca blanca que colgaba a la entrada y puse mis manos sobre mi cabeza en signo de desesperación. Al verme, mi esposa se acercó y me pregunto:

—¿Qué te pasa?
Con el agobio que sentía por la insistencia del General, le respondí:
—Mi General Uscátegui me tiene acosado, me llama todo el día, me escribió un fax, él quiere que cambie el Oficio que le envié, —contesté sin quitarme las manos de la cabeza.
Entre tanto ella, con expresiones de ánimo y reconfortantes palabras, propias de su cálida naturaleza, me ofreció su apoyo incondicional en la decisión que yo tomara:
—No te preocupes, todo va a salir bien… —dijo, pero estaba equivocada.

Un sábado de septiembre de 1997 aterricé en el aeropuerto de Villavicencio procedente de San José. Una vez más disfrutaba el paisaje de esa preciosa e inolvidable capital en donde viví dos años cuando tenía el grado de Teniente.

Luego, tomé un taxi, atravesé la ciudad y me enfilé por esa larga y hermosa autopista hacia el complejo militar de Apiay, para desembarcar en el casino de Oficiales. Fue inevitable recordar que el 7 de septiembre de 1985 estaba en Apiay cuando aterrizó un Hércules en la pista de la base aérea y me ordenaron embarcar con mi compañía de fusileros, porque el M–19 se había tomado el Palacio de Justicia[57], en Bogotá. Fuimos

---

[57]   La Toma del Palacio de Justicia, también llamada "Operación Antonio Nariño por los Derechos del Hombre", fue un asalto perpetrado el miércoles 6 de noviembre de 1985 por un comando de guerrilleros del Movimiento 19 de abril (M–19) a la sede del Palacio de Justicia, ubicado en el costado norte de la Plaza de Bolívar,

la cuota de la Séptima Brigada aquella vez. Nuestra participación se limitó a estar disponibles en la Escuela de Artillería, allí permanecimos una semana, pero regresamos en camiones a Villavicencio sin haber disparado un solo fusil G–3.

Acomodé mi pequeña maleta en la habitación del Mayor Pappa, ejecutivo del Batallón de Ingenieros Albán, y acto seguido me fui a cumplir la cita en la residencia del Comandante de la Brigada 7, el General Uscátegui, que estaba frente al casino, era una caminata de escasos 100 metros.

El Instituto de Casas Fiscales del Ejército había construido allí, en la década de los años 80, una hermosa vivienda de una sola planta, con cierto aire colonial, tejas de barro y bellos jardines a la entrada; la residencia del Comandante de la División, que tenía características similares, quedaba junto a ésta.

El General Uscátegui me recibió en la puerta, me invitó entrar y nos dirigimos a la sala, ubicada a la derecha de la entrada principal. Tintos fueron servidos con prontitud. La decoración interior era de un gran gusto, tanto en el comedor como en el lugar donde nos reunimos. En ese ambiente, su argumento fue sólido, convincente y lo acompañó con pruebas reales. En su opinión, la masacre de Mapiripán había sido obra de las Farc. Los presuntos paramilitares eran, en su concepto, guerrilleros. Todo obedecía a un plan orquestado por ese grupo terrorista para desprestigiar al glorioso Ejército Nacional.

Quince minutos más tarde me encontraba saliendo de la casa del General. Comí en el casino de Oficiales y por la noche disfruté una breve charla con el Mayor Pappa.

El domingo estaba de regreso en San José. No había mucho qué pensar, tampoco me sentía bien con el cambiazo, pero mis opciones eran escasas o casi nulas. Llevaba trabajando más de 15 años bajo la doctrina del respeto reverencial, la obediencia debida y la solidaridad de cuerpo. Resistir significaba la ruina para mí y para dos hermanos más, que

---

en Bogotá, frente a la sede del Congreso y a una cuadra de la Casa de Nariño, residencia presidencial.

también eran oficiales del Ejército, Andrés, que moriría pocos años después, y Juan Manuel.

Finalmente, el oficio 2919 falso se transmitió vía fax usando la misma máquina blanca, la Panasonic. Mi ambiente de trabajo cambió favorablemente. El resto del año fue normal, parecía que el General Uscátegui tenía una gran amistad conmigo, era obvio, él logró por la fuerza de la presión que yo hablara su mismo idioma, nos habíamos puesto de acuerdo para mentirle a la justicia.

Cuando las investigaciones disciplinarias y penales iniciaron, el General que muchos honores y distinciones había recibido y tanta dignidad institucional representaba, con frialdad presentó a cada investigador el oficio falso. Yo conservé el verdadero.

Pero faltaba una misión por cumplir, había un cabo suelto. Una copia del verdadero Oficio N.º 2919 estaba en Bogotá, en una gaveta del escritorio del Mayor General Fernando Tapias, Segundo Comandante del Ejército.

El General Uscátegui hizo evidente la necesidad de recuperarlo y yo, obligado por las circunstancias, viajé a la capital días después de haberme entrevistado con él. Así que sin cita previa, aprovechando que existía cierta confianza y cercanía con el General Tapias, me presenté en su oficina con la excusa de hablar un tema serio sobre Mapiripán.

El General Tapias es un hombre de amplia cultura, gran conversador, robusto, de baja estatura, piel blanca y con cierto aire alemán, como su segundo apellido, Stahelin.

Lo encontré sentado en un sillón en su amplia oficina frente a una gran mesa de madera, firmando documentos que le traían los diferentes jefes de cada dependencia, a su lado estaba de pie el Coronel Mario Correa, quien me dirigió una mirada de desaprobación por estar en ese lugar. En un breve descanso le dije al General, sin rodeos, que el General Uscátegui necesitaba esa otra copia. No se asombró, pero intentó recordar donde "dormían" esas dos hojas prohibidas. Como en esa época él aún conservaba el doble encargo de Inspector de las Fuerzas Militares, llamó a su secretaria y minutos después apareció el Oficio N.º 2919 en una carpeta.

El General Tapias se levantó, caminaba lento, se notaba que estaba muy cansado, exhausto, y se dirigió a su escritorio. Creo yo que por primera vez dedicó unos minutos a leer ese Oficio. Todos los demás oficiales habían salido del despacho... estábamos solos...

—¡Qué es esto, carajo...! —gritó el General... —¡Espéreme acá Orozco!
—Y desapareció por la puerta principal caminando a paso rápido.

Dos minutos después fui llamado en presencia del Mayor General Mario Hugo Galán, Comandante del Ejército, quien de manera serena me preguntó:

—¿Qué órdenes recibió del General Uscátegui después de que usted le envió este documento a la Séptima Brigada?
—Ninguna mi General... —contesté en el acto.
—Hubo una silenciosa pausa —que ellos llenaron con sus miradas de asombro.
—Gracias Orozco, puede retirarse.

La misión a Bogotá había fracasado y el General Tapias, con una severa llamada telefónica, se lo hizo saber al General Uscátegui.

Así pues, el acoso laboral y psicológico acabó, el león estaba calmado por ahora, pero la intranquilidad permanecía latente tanto en mi esposa como en mí, pues teníamos claro que ese Oficio N.° 2919, el verdadero, sería nuestra única tabla de salvación.

Creímos que el General Uscátegui tal vez lo intentaría todo para destruirlo, así que a finales de septiembre de 1997, mi esposa viajó a Bogotá con nuestro bebé y trajo consigo el documento original, lo escondió en un libro de la Enciclopedia Salvat de la biblioteca de su casa materna, la misma residencia en donde algunas veces había estado el General Fernando Tapias cuando, en calidad de Comandante General, visitaba ese hogar. El General Tapias fue el padrino de bodas de mi hermano Andrés (q.e.p.d.) y su esposa Marcela.

Ninguna copia de ese reporte 2919 quedó en mi oficina del Guaviare. El viernes 31 de octubre de 1997 me despedí del Batallón París, salí trasladado a Bogotá, a estudiar en la Escuela Superior de Guerra y a esforzarme por alcanzar el grado de Teniente Coronel. Con mucha incertidumbre me preguntaba si lo lograría, cuando visitaba la enigmática zona de Machu Picchu, en el Perú, en agosto de 98. Allí, en la tierra de los reyes Incas le pedí a mi Dios verdadero que me diera una manito, tal vez me escuchó, y en noviembre del 98 logré diplomarme de tercero en Estado Mayor[58]. Un mes después, a inicios de diciembre, fui nombrado Comandante del Batallón de Infantería Simón Bolívar, en Tunja (Boyacá).

Como se dijo anteriormente, unos meses después de ocurridos los trágicos hechos de Mapiripán, el General Uscátegui envió los oficios N.º 4730 a la Procuraduría y el N.º 01113 al Comandante del Ejército. ¿Por qué el General Uscátegui voluntariamente resolvió escribir esos dos reveladores documentos? Porque Mapiripán **SÍ** era responsabilidad territorial de la Brigada 7 que él comandaba. Por consiguiente, la posibilidad de salvar el municipio siempre estuvo en sus manos.

Tanto el informe N.º 4730 como el N.º 1113 desmienten la afirmación que hace el exgeneral en el video titulado "Mensaje del General Uscátegui a los pobladores de Mapiripán (Meta)"[59], fechado el 3 de diciembre de 2010: "*en mis manos nunca estuvo la posibilidad de evitar la masacre, yo no era comandante militar de la zona, yo no tenía jurisdicción territorial sobre este municipio, yo nunca fui debidamente informado sobre las actividades de los paramilitares, yo no tenía medios logísticos, de hombres y tropas para operar en un área que no formaba parte de mi jurisdicción...*". Pero olvida decirles a los mapiripenses que él conocía el contenido del Oficio Nº. 2919 que yo le había enviado vía fax el 15 de julio de 1997, que a través de ese documento él sabía de la presencia paramilitar en la población y le recomendaba acciones inmediatas para enfrentarla, que él no emitió ninguna orden al respecto en el momento y que luego de sucedida la tragedia me presionó en múltiples ocasiones para que yo modificara el contenido original de ese oficio.

---

[58]   Tradicionalmente, los oficiales de grado Mayor en la Escuela Superior de Guerra en Colombia disfrutan de un intercambio con otras culturas militares del continente antes de diplomarse en Estado Mayor.

[59]   Al respecto, se sugiere ver http://www.uscateguiesinocente.com/

Transcripción Oficio N.° 4730. Agosto 5–1997.

Fuerzas Militares de Colombia

Ejército Nacional

Villavicencio, 05 – agosto de 1997

N.° 4730 / BR7–CDO–256

ASUNTO: Respuesta sobre hechos Mapiripán (Meta)

AL: Señor
        HENRY NAVARRO RINCÓN
        Procurador Provincial
        Villavicencio.

De acuerdo con lo solicitado en su oficio de fecha 29 de julio de 1997, me permito informarle sobre diferentes aspectos con motivo de las anomalías que se presentaron en el municipio de Mapiripán (Meta)

1. Absolutamente nadie informó a la Séptima Brigada ni personalmente, ni telefónicamente, ni por escrito sobre la presencia de un grupo armado al margen de la ley en el municipio de Mapiripán (Meta) en el lapso del 13 al 20 de julio de 1997.

Ninguna de las siguientes autoridades informó al Comando de la Séptima Brigada:

- Gobernador del Meta, Doctor ALFONSO ORTIZ BAUTISTA.
- Departamento de Policía Meta, Coronel BENJAMÍN NÚÑEZ NÚÑEZ.
- Director del DAS Seccional Meta, TC® MIGUEL EVAN CURE.
- Obispo de la Diócesis del Meta, Monseñor ALFONSO CABEZAS ARISTIZÁBAL.
- Presidente Cruz Roja Seccional Meta, Señor WOLFANG DIETRICH TORNBAUM.
- Gobernador del Guaviare, Doctor EDUARDO FLORES ESPINOSA.
- Alcalde de San José del Guaviare, Doctor NÉSTOR A. GAVIRIA CASTAÑO.
- Comandante (E) del Departamento de Policía Guaviare, Mayor RICARDO SOLER DUQUE.
- Obispo del Guaviare, Monseñor BELARMINO CORREA YEPES.
- Alcalde de Mapiripán, Señor JAIME CALDERÓN MORENO.

- Personero de Mapiripán, Señor AUGUSTO LEÓN BERMÚDEZ.
- Inspector de Policía de Mapiripán, Señor LUIS HERNANDO PRIETO.
- Párroco de Mapiripán, Padre MARCO VINICIO PÉREZ.

Es decir, ni autoridades civiles ni eclesiásticas, ni de policía, ni ningún civil informó sobre la presencia del grupo armado al margen de la ley en Mapiripán.

Menciono autoridades del Departamento del Meta y del Guaviare, teniendo en cuenta que el municipio de Mapiripán está ubicado al sur del Departamento del Meta, pero por vecindad está asignado a las autoridades eclesiásticas y de policía del Guaviare.

El Comando de la Séptima Brigada tuvo conocimiento de la presencia de un grupo armado en el área de Mapiripán, el día 15 de julio de 1997, por una llamada telefónica que hizo el Mayor HERNÁN OROZCO CASTRO, Ejecutivo y Segundo Comandante del Batallón "Joaquín París" con sede en San José del Guaviare (Guaviare), al Doctor LEONARDO IVÁN CORTÉS NOVOA, Juez Promiscuo de Mapiripán.

Es importante anotar que el Doctor CORTÉS NOVOA no llamó al Batallón Joaquín París a informar sobre la presencia de grupos armados al margen de la ley, ni a solicitar ayuda, sino que por el contrario el Mayor OROZCO CASTRO lo llamó el día 15–JU–97 para aclarar lo relacionado con el Oficio N.º 393 de fecha mayo 19 de 1997 sobre un "Juicio Popular" a que fue sometido por un grupo armado al margen de la ley, ante toda la comunidad. Este oficio, 393 (Anexo 1), fue enviado al Doctor FAUSTO RUBÉN DÍAZ RODRÍGUEZ, Presidente honorable del Tribunal Superior de Villavicencio y el Comando de la Séptima Brigada lo conoció después de que el documento 393 siguió su proceso por Villavicencio – Bogotá – Villavicencio, llegando a la Cuarta División el 02–JUL–97 y me fue enviado el 05–JUL–97 con Oficio N.º 00248–DIV4–G2–INTI–252 (Anexo 2).

Una vez recibido el documento el Comando de la Séptima Brigada lo envió al señor Mayor Comandante del Batallón "Joaquín París," mediante Oficio 01644–BR7–B2–INT7– de fecha 09–JUL–97 con instrucciones claras y precisas de adelantar las averiguaciones pertinentes (Anexo 3).

Para ampliar la información sobre el Oficio 393, el señor mayor OROZCO el día 15 de julio de 1997 localizó al Doctor LEONARDO IVÁN CORTÉS NOVOA quien le comentó sobre la presencia de un grupo armado al margen de la ley en el área de Mapiripán para la fecha del 15 de julio de 1997. El señor Mayor OROZCO ese mismo día puso en conocimiento de este comando dicha información, *por*[60] *lo tanto procedí a ordenarle analizar detenidamente esa información, estudiar la situación de todos los municipios a su cargo, planear y modificar el dispositivo de sus tropas si estimaba conveniente y operar de acuerdo al orden de prioridades teniendo en cuenta la cantidad de informaciones, los antecedentes de cada Municipio y las amenazas por parte de los diferentes agentes generadores de violencia.* Esta única información sobre Mapiripán no fue posible evaluarla ni cotejarla con otras, por cuanto no fue factible obtener otras fuentes de información. La situación se hizo más difícil para el Mayor, considerando que sobre otros municipios a su cargo recibió informaciones graves sobre posible toma de poblaciones y atentados y emboscadas contra el personal del Ejército y de la Policía Nacional. Más aún se recibió informaciones falsas lo que se conoce como desinformación, con el propósito de engañar a las tropas, desorientarlas, obligarlas a moverse donde no habían amenazas o a sectores en donde podrían ser sorprendidas.

2.   La Séptima Brigada bajo mi mando tiene como jurisdicción los Departamentos del Meta, Guaviare y Vaupés y los municipios de Medina y Paratebueno (Cundinamarca) Sabanalarga y Villanueva (Casanare) y San Luis de Gaceno (Boyacá) en una extensión aproximada de 198.000 KM2. Para el caso especifico el Batallón "Joaquín París" tiene asignado el departamento del Guaviare 42.000 KM2, pero también debe cubrir el municipio de Mapiripán (Meta), superficie imposible de controlar con tan pocos efectivos.

Con motivo de la celebración del 20 de julio se recibieron informaciones por diferentes fuentes sobre posibles atentados y actos terroristas por parte de cuadrillas de las FARC en Miraflores, Calamar, El Retorno y la Libertad (Guaviare). Como en estos municipios durante el año de 1997 las FARC han asesinado y herido civiles y un gran número de militares especialmente en Calamar, se tomaron todas las medidas del caso, cubriéndolas con tropa para proteger la población y se adelantaron operaciones para neutralizar las diferentes amenazas.

---

[60]   Después de enviar este oficio a la Procuraduría, el General Uscátegui lo remitió vía Fax al Mayor OROZCO para obligarlo a que lo respaldara en las ideas que están subrayadas. La realidad es que el General Uscátegui nunca dio la más mínima orden, aquí le mintió a la Procuraduría. Quince años después de la masacre, el General insiste en afirmar que Mapiripán no era parte de su jurisdicción, pero en este documento, escrito dos semanas después de la masacre, reconoce y acepta que Mapiripán sí le pertenecía a la Brigada que él comandaba.

Como el municipio de Mapiripán durante todo el año de 1996 y seis meses de 1997 no había presentado ningún asesinato, no obstante la influencia de la cuadrilla 44 de las FARC y de narcotraficantes y no existían informaciones tan precisas como las de otros municipios, no se enviaron tropas. Si tan solo se hubiera recibido un S.O.S. o llamada de auxilio, se habrían enviado tropas así se tuviera que dejar otro municipio sin tropas, situación a la que constantemente nos vemos sometidos pues los efectivos del Ejército no alcanzan para cubrir todos los municipios en forma simultánea.

En el Departamento del Meta las informaciones fueron muy numerosas y repetitivas sobre posibles asaltos a Puerto López, Puerto Gaitán, Acacias, Guamal, San Martín, El Dorado, El Castillo, San Carlos de Guaroa, Granada, Restrepo, Vista Hermosa, Mesetas, Fuente de Oro, Puerto Lleras, La Macarena y la Uribe, lo que nos obligó a colocar las unidades en estado de alerta y adelantar operaciones en Puerto López, Puerto Gaitán, Fuente de Oro, Puerto Lleras y no obstante las medidas tomadas, el 19 de julio a las 19:50 horas la cuadrilla 43 de las "FARC" intentó volar el peaje entre San Martin y Granada, hiriendo dos suboficiales y tres soldados, asesinando un civil e hiriendo a dos más.

Con las medidas que se tomaron se evitaron graves problemas pues también estaba amenazada la vía Villavicencio–Bogotá, la compañía RECCIII encargada de la construcción de los túneles, el municipio de Medina (Cundinamarca), etc.

3. El día 20 de julio aproximadamente a las 06 de la tarde me llamó a la casa un periodista de nombre CARLOS CHAMORRO y me informó sobre una masacre en Mapiripán y el éxodo de más de 80 personas a Villavicencio.

Ese día se llevó a cabo un Consejo Seccional de Seguridad[61] en el despacho del Gobernador del Meta, al cual asistí con el señor Gobernador, el Secretario de Gobierno Departamental, el Comandante de la Policía Meta, el Director Seccional del DAS, el Doctor ALEJANDRO AGUDELO PARRA Director Regional de Fiscalías de Oriente y el Señor WOLFANG DIETRICH TORNBAUM, Presidente de la Cruz Roja Seccional Meta. Acordamos una serie de medidas, entre otras el envío inmediato de tropas de San José del Guaviare para asegurar el municipio de Mapiripán y facilitar el ingreso de Fiscales del Meta y Guaviare, del CTI, de los Derechos Humanos, de la Defensoría del Pueblo, de la Procuraduría General de la Nación y de los asesores presidenciales sobre Derechos Humanos y víctimas de la violencia, con sus respectivas comitivas.

---

[61] Las palabras subrayas en este párrafo no son exactas pero sí muy similares a las del original de donde se transcribieron, pues en él están borrosas.

El Ejército Nacional entró a Mapiripán el día 21 de julio al mando del Señor Mayor General ARDILA, Comandante de la Cuarta División, con el propósito de capturar los delincuentes que protagonizaron los hechos, proteger la población civil y garantizar el orden público. Desde ese día tenemos tropas en Mapiripán, garantizando la seguridad de la población y facilitando la labor de todos los organismos que adelantan diferentes investigaciones. A partir del momento en que llegaron las tropas, se ha facilitado el desarrollo de las diferentes investigaciones con el fin de establecer la gravedad de los hechos y sus autores. Así mismo se pudo establecer por informaciones de la población en Mapiripán, que el grupo armado al margen de la ley que ocasionó los asesinatos abandonó el lugar de los hechos el día 20 de julio de 1997.

Brigadier General JAIME HUMBERTO USCÁTEGUI RAMIREZ
Comandante Séptima Brigada

Transcripción Oficio N.º 01113. Noviembre 19–1997.

Fuerzas Militares de Colombia
Ejército Nacional

Villavicencio, 19 de noviembre 1997

N.º 01113 / BR7–CDO–226

ASUNTO: INFORME CASO MAPIRIPÁN (META)
AL: Señor Mayor General
                 COMANDANTE DEL EJÉRCITO
                 Santafé de Bogotá

Por medio del presente, me permito informar al señor Mayor General Comandante del Ejército, sobre las circunstancias por las cuales no se enviaron tropas al municipio de Mapiripán (Meta) en el lapso comprendido entre el 15 y el 20 de julio de 1997 ante la presencia de un grupo armado al margen de la ley, al parecer pertenecientes a las "Autodefensas unidas de Colombia":

Al respecto manifiesto que, ninguna autoridad civil, ni eclesiástica, ni de Policía y ningún ciudadano de los Departamentos de el Meta o del Guaviare, informaron al Comando de la Séptima Brigada, con sede en Villavicencio, respecto a lo que estaba sucediendo en Mapiripán. Aclaro que la mención de ambos Departamentos obedece a que Mapiripán, geográficamente pertenece al Meta, empero, para otros aspectos por ejemplo el Eclesiástico y el Político se adscribe al Guaviare.

Tan solo me enteré, de manera tangencial, sobre la situación, a raíz de una llamada telefónica hecha por el Mayor HERNÁN OROZCO CASTRO, Comandante encargado del Batallón "París", con sede en San José del Guaviare, al Dr. LEONARDO IVÁN CORTÉS NOVOA, Juez promiscuo de Mapiripán, el día 15 de julio de 1997, en pos de averiguar hechos diferentes acaecidos el día 19 de mayo de 1997, protagonizados por un grupo armado al margen de la ley. En esta ocasión el Juez Promiscuo de Mapiripán le aclaró respecto a la inquietud del mayor Orozco que se trataba de la "Guerrilla de las FARC" y **aprovechó la llamada para comentarle brevemente sobre la presencia de personal armado al margen de la ley y que posiblemente se trataba de "paramilitares."**

Importa destacar que según la propia versión del Juez en mención, este no sabía con exactitud, si efectivamente existía o no riesgo, recomendando prudencia en el manejo de la información, es decir que, acorde a lo narrado, no se evidenciaba ninguna emergencia que ameritara el envío de tropas al lugar, como efectivamente me lo sugiere el propio mayor Orozco en la charla telefónica que sostuvimos, ratificando lo expuesto mediante fax, al día siguiente, calendado el 16 de julio de 1997.

En cuanto a la fecha del acontecimiento se refiere; destácase que, por la proximidad de la celebración del 20 de julio, como fiesta Patria, se rumoraba la ejecución de sendos atentados por parte de los agentes generadores de violencia, en mi jurisdicción, —que comprende una extensión de doscientos mil kilómetros cuadrados, incluyendo los departamentos del Meta, Guaviare, Vaupés, anexando además los municipios de Medina y Paratebueno, del departamento de Cundinamarca, Sabanalarga y Villanueva del departamento de Casanare y San Luis de Gaceno del Departamento de Boyacá. —, circunstancia que motivó la indagación permanente a los Comandantes de los respectivos Batallones adscritos a la Séptima Brigada, consultando la veracidad de las informaciones de cada sector de responsabilidad, dentro de que de manera obvia, se incluyó Mapiripán, relevando más importancia por análisis estadístico registrado, en cuanto a orden público se refiere, otras regiones, atendiendo a que **en los últimos dos años, ni siquiera se había presentado un homicidio en el sector de Mapiripán.**

Lo anteriormente referido, no resulta infundado si se atiende a los hechos registrados el 19 de julio de 1997, cuando fue atacado por las FARC, el peaje ubicado entre los municipios de San Martín y Granada —departamento del Meta—, con la resultante de varios militares y personal civil herido y menos aún si se considera la escasez de recursos tanto logísticos, como humanos, circunstancias que obligan a un manejo racional del cúmulo de información que cotidianamente se maneja.

De contera no sobra manifestar que, muy a posteriori, me enteré que el citado Juez Promiscuo Municipal de Mapiripán, de manera oficial y mediante fax, puso en conocimiento el suceso, tanto al Tribunal Superior de Justicia de Villavicencio, como a la Procuraduría Delegada para los Derechos Humanos —Bogotá— y al Comité Internacional de la Cruz Roja, con sede en Villavicencio, en comunicaciones calendadas entre el 16 y el 18 de julio del presente sin que se haya realizado actuación similar respecto de las Fuerzas Militares, desconociendo el motivo, toda vez que precisamente quien lo suscribe es un representante de la rama Jurisdiccional y más aún un profesional del derecho, quien por esa condición debe conocer a cabalidad la estructura interna del Estado y con ello saber la misión constitucional de las Fuerzas Militares, en cuanto a la guarda de los bienes Jurídicos de los ciudadanos.

Ratifico una vez más que ninguna de las tres entidades anteriormente referidas y que fueron destinatarias de la noticia, por parte del funcionario judicial de Mapiripán, a su vez, hicieron conocer —ni siquiera a la presente fecha ¡ —del suscrito, lo que de haber sucedido por obvias razones habría generado una oportuna reacción por parte de las tropas a mi cargo, seguramente con resultados diferentes, al luctuoso acontecer.

Brigadier General JAIME HUMBERTO USCÁTEGUI RAMIREZ
Comandante Septima Brigada

DEMIL[62] – PÉSIMAMENTE MAL ASESORADO

Bogotá, diciembre de 1997, 1998 y 1999

"Es de absoluta necesidad decir al abogado toda la verdad
franca y claramente, no ocultarle las cosas…
para que él las enrede y embrolle
sin pérdida de momento".

Alessandro Manzoni[63]

Mientras en las calles de Bogotá sonaban villancicos, en mi cabeza resonaban tambores de investigaciones disciplinarias y penales. El 8 de diciembre de 1997 recibí una nota oficial en la cual me ordenaban viajar a Villavicencio y presentarme ante el Juez de Instrucción Penal Militar. Me harían una doble investigación (penal y disciplinaria) por la existencia de los dos documentos 2919: el verdadero y el falso.

Las citas se programaron para el 13 y 14 de diciembre, la fecha de las diligencias lo decía todo: transcurrirían durante un fin de semana, en la intimidad de un sábado y la indiferencia de un domingo.

Así que viajé desde Bogotá a Villavicencio por la aerolínea Satena el sábado 13 de diciembre; primero me recibió el General Uscátegui en la modesta oficina de su Cuartel General:

---

[62] Defensoría Militar es un grupo de modestos abogados cuyo perfil profesional se interpreta como de baja calidad, representan y asisten a algunos militares investigados por la Justicia Penal Militar, la Fiscalía o la Procuraduría.

[63] Novelista, poeta y dramaturgo italiano (1785–1873), considerado uno de los mejores poetas y escritores de su país.

—¡Siga Orozco! Todo está listo para una investigación penal por la existencia de los dos oficios —dijo el General.

—Entiendo, mi General —dije en tono muy cooperativo.

—No se preocupe por el defensor de oficio, ya hemos conseguido a una abogada que estará con usted.

El General se había tomado la molestia de preparar todo el terreno para resolver de una vez por todas el dilema institucional que se había creado con la existencia de ese Oficio N.º 2919 (el verdadero) y que todos querían enviar a la hoguera, como en la época de la Inquisición.

Fue así como en la tarde del sábado 13, después de salir de la oficina del General, entré al despacho del Juez Penal; básicamente se trataba de explicar por qué existía el segundo oficio, el falso, y justificar por qué se había cambiado el primero, el verdadero.

El Juez se reunió después con el General Uscátegui, quien satisfecho, me invitó a comer y a dormir en su casa. Me negué, pero él insistió. Sería la segunda vez que visitaría su hogar, pero en esta ocasión la residencia no estaría tan llamativa como lo estuvo en la primera, lucía prácticamente vacía. El General tenía toda su mudanza en Bogotá debido a su nuevo nombramiento como Comandante de la Fuerza de Tarea Conjunta que operaba en el sur del país.

Al llegar esa noche, nos recibió su esposa, quien se encontraba embarazada. Todos los salones lucían desocupados, así que nos sentamos en un improvisado comedor, frente a una sencilla mesa de madera que estaba contra una pared de la cocina. Ella amablemente me sirvió un escuálido tamal y de tomar me ofreció una gaseosa. Luego, me llevaron a una habitación contigua a la principal, dos camas de madera vestidas con sábanas blancas eran la única decoración, en una acomodé mi equipaje de mano, estiré mi ropa, y en la otra pasé una no muy cómoda noche.

Al día siguiente, domingo 14, el General me llevó hasta el cuartel general de la Cuarta División en el vehículo que le habían asignado, viajábamos en la silla de atrás de un Mazda 626. En el recorrido sobre la autopista, él me relataba que las investigaciones de la Procuraduría habían hecho parte de su vida y que no le habían impedido llegar al grado de General. Yo escuchaba con cierta incomodidad sus historias, pues soy un hombre alto y mi cabeza estaba presionada por el bajo techo de ese auto, ¡qué ironía…, presionado! Él, que es una persona de corta estatura, viajaba cómodamente.

El General Ardila me esperaba en su oficina para abrir una investigación disciplinaria por la existencia de los dos oficios.

Pasado el mediodía, la caravana del General Uscátegui avanzaba rápidamente hacia el aeropuerto de esa hermosa ciudad llanera, allí se despidió de mí. Esa tarde regresé a Bogotá en compañía de su esposa, viajamos el uno al lado del otro en un avión Fokker de Satena. Hablamos poco sobre cosas sin importancia y nos despedimos a la salida del terminal.

En esa época yo vivía con mi familia en un modesto apartamento en Bogotá, ubicado junto al imponente búnker de la Fiscalía. En esa misma zona residía Óscar, también oficial del Ejército, compañero militar y amigo de la infancia. Llegué a su elegante apartamento, me recibió como siempre, con una amplia sonrisa, él es un hombre de una gran personalidad, seguro de sí mismo, de tez blanca, ojos verdes, si no recuerdo mal; nació con algún problema en su oreja izquierda y son evidentes las varias cirugías que le han practicado. Le dije que acababa de llegar de Villavicencio, le conté los detalles de las dos investigaciones mientras con amargura y desagrado le manifesté toda la manipulación de que era objeto:

—Óscar, me siento abusado por todo el generalato, manoseado… voy a pedir la baja del Ejército mañana mismo.

Bebimos un whiskey. Con calma escuchó mis quejas y me aconsejó:

—*Cocó*[64], no lo haga, es un error, este curso que estamos adelantando representa el 15% de la prima de Estado Mayor y ese porcentaje se acumula para la pensión de retiro.

---

[64]   *Cocó* es mi sobrenombre de toda la vida.

Además de mi vocación militar y la carrera alterna de administración de empresas que empezaba a estudiar, sus palabras, consejos y ese argumento financiero me hicieron desistir de la idea.

La semana siguiente estaba nuevamente recorriendo los brillantes pasillos del Comando del Ejército: los Generales Ardila, Uscátegui, el Coronel Ávila y yo tuvimos una reunión con la defensoría militar -Demil- y esa tarde conocí a la abogada Blanca Nieves Flores Nieto, una hermosa y atractiva mujer de ojos verdes, recia, de mediana estatura, dicharachera, quien lucía una boina tipo *Che* Guevara, ella se encargaría de estructurar la defensa del General Uscátegui y la mía.

Cuando la Fiscalía me citó para una de las primeras declaraciones en 1998, me reuní con anticipación en su apartamento, que tenía todas las paredes de ladrillo, y también estaba ubicado cerca de mi propia vivienda. Me senté en una de las cuatro sillas del comedor circular y en un momento le dije:

—Blanca Nieves, quiero que sepas que existen dos oficios sobre este problema, uno verdadero, otro falso, y no me siento bien mintiéndole a la justicia, de hecho, traje conmigo ese documento y quisiera que lo leyeras, yo deseo que la Fiscalía lo reciba de mi mano…

Ella, poniéndose una mano en la cara, me señaló con la otra y dijo:

—No quiero ver ese informe, quítemelo de la vista… olvídese de eso…

De tal manera que mientras la conciencia me decía una cosa, la abogada me recomendaba otra. La jurista trabajaba para Demil, entidad que representa a la institución y ésta no quería que ese Oficio 2919 saliera a la luz pública. La estrategia para minimizar los efectos de ese papel venía impuesta desde arriba y con esas directrices se movía Blanca Nieves.

Los meses de 1998 transcurrieron sin mayores sobresaltos. El 11 de diciembre asumí el mando del Batallón Simón Bolívar, en Tunja (Boyacá); para esa época lo único que sabía de Mapiripán era que el juez Cortés Novoa había relatado presencia paramilitar y que el General Uscátegui tenía pruebas diferentes que involucraban a las Farc en esa matanza;

pero yo nada sabía de la intriga y mucho menos que varios militares estuvieran comprometidos en el asunto. Durante 1998, el Oficio N.º 2919 permaneció escondido de cualquier ojo investigador.

Mientras, en enero de 1999 en Tunja, muy a las 5 de la mañana de cada día, los oficiales y suboficiales de mi batallón hacíamos intensa actividad de ejercicio físico en esas oscuras y frías madrugadas boyacenses. Para mí, el Oficio N.º 2919 verdadero seguía oculto a las miradas de la Fiscalía y de la Procuraduría. Febrero también pasó y creía que la justicia jamás sabría de la existencia de tal documento.

Fue en esta época cuando apareció por Tunja el Coronel Ávila Beltrán con su amable esposa, quien es oriunda de esa región. Todavía creía en él, lo respetaba. Hasta ese día, nunca había considerado siquiera la posibilidad de que él tuviera algún vínculo directo o indirecto, mayor o menor, con la masacre de Mapiripán.

Marzo de 1999 transcurría muy bien hasta que un día la Fiscalía me citó para una indagatoria final. Mi testimonio fue recibido por un juez sin rostro cuya cara, gran carácter, profesionalismo y personalidad vine a conocer meses después, primero en Bogotá y años más tarde en una calle de Washington, en Estados Unidos, se trataba del fiscal Virgilio Hernández, quien es un ser humano excepcional y un profesional de talla monumental.

Llegué al búnker acompañado de la defensora de la Demil, Blanca Nieves Flores.

En esa época, los testimonios eran recibidos en unos pequeños pero cómodos cubículos. Al entrar, lo primero que uno encontraba era un amplio ventanal, no se podía ver al interrogador, pero él sí podía ver al interrogado. Esos recintos llamados cámaras de Gesell, son como una especie de habitación conformada por dos ambientes separados por un vidrio de visión unilateral y están acondicionados para permitir la observación de personas.

Ante el fiscal me mantuve impenetrable durante más de 4 horas frente a la versión creada por el General: "Todo era un plan de la guerrilla". Pero los investigadores de la Fiscalía estaban muy bien preparados, habían encontrado el eslabón que le faltaba al rompecabezas y lo querían confirmar.

Más de seis horas después de haber comenzado el cuestionario, el fiscal agudizó su interrogatorio. En un tenso momento de mi testimonio me preguntaron si yo había hecho algún reporte al Comando de la Séptima Brigada. Sentí que se estaban acercando a los umbrales de mi conciencia, pedí un descanso, empezaba a dudar de mí mismo…

—Señor fiscal, ¿podría por favor tener un receso? Necesito ir al baño.
—Claro que sí, Coronel, tómese cinco minutos —dijo la amable voz sin rostro.

Salí al pasillo en compañía de la abogada de la Demil, me dirigí al baño, me lavé las manos, la cara, regresé y le dije a Blanca Nieves que yo quería decir la verdad y mostrar el Oficio 2919 original. Pero ya no había tiempo para ajustar la defensa técnica. Lo hecho, hecho estaba. Ella pretendía que yo mantuviera el argumento falso frente a los jueces regionales.

Entramos de nuevo a aquella cámara gris, la secretaria estaba situada a la izquierda escribiendo cada palabra. Decidí que mi familia me acompañara también de alguna forma, así que saqué de mi vestido la billetera y de esta una foto: allí estaban Olga y Felipe, mi pequeño hijo. Un dúo especial que me miraba con ternura. Los exhibí frente a mi corazón, para que me dieran fuerzas y en especial para que me ayudaran a encontrar la luz que me hiciera ser consecuente con la verdad.

—Continuando con la diligencia, Coronel, ¿podría usted decirnos qué le reportó a la Brigada Séptima? —preguntó el fiscal.

Pero seguí mintiendo para ayudar al General.

—Sí señor, yo hice un reporte detallado y lo envié vía fax al General Uscátegui. El General me dio instrucciones especiales para analizar mi dispositivo y operar de acuerdo con las prioridades que tenía —afirmé.

Sentí que me desboronaba en cada respuesta falsa, deshonesta y mentirosa que daba, hasta allí había llegado la influencia del General Uscátegui sobre mí, con la asistencia de la abogada de la Demil.

Mi hijo Felipe continuaba mirándome desde la foto, pero yo todavía no alcanzaba a visualizar el alcance del error que estaba cometiendo. Fue entonces cuando llegó la jugada maestra del fiscal.

—Coronel, ¿podría usted por favor revisar los siguientes documentos que le vamos a presentar y contestar algunas preguntas?
—Sí, señor Fiscal —contesté.

Del otro lado de la cámara llegaron unas hojas blancas a través de una gaveta especial. La secretaria las sacó y me las entregó.

Cuando los documentos llegaron a mis manos, los puse en el mesón y me dispuse a leerlos… abrí los ojos sorprendido por lo que encontré, sentí un terrible escalofrío, mi piel se erizó, empecé a transpirar, mi respiración se agitó, no podía controlar mi cuerpo y menos mis emociones. Audaz había sido la estrategia de los fiscales: estaba contra la pared y tenía la espada de Damocles sobre mi cabeza.

Por mi pecho rodaban gotas de sudor, tenía la cabeza agachada, la aflicción se apoderó de mí. Blanca Nieves estaba sentada a mi lado. Desesperado, pisé su zapato repetidamente, como preguntándole qué era lo que tenía que hacer, qué era lo que debería decir…, pero su estado era peor que el mío, estaba yerta, inmóvil y muda.

Me sentí flaquear, ¡frente a mí tenía nada más ni nada menos que los dos oficios 2919, el falso acompañando al original! Miré una vez más a mi hijo Felipe y su tierno rostro terminó de derrumbarme. Fue entonces cuando la luz alumbró mi entendimiento y por primera vez supe lo que tenía que hacer. Pude haberlo negado todo, o guardar silencio y seguir respaldando las mentiras del general, pero hubiera sido a un costo demasiado alto para mi alma.

Sintiendo fuertes sentimientos de vergüenza, angustia, pena y deshonor, empecé a llorar desesperadamente, no me podía controlar mientras le reprochaba a la abogada de la Demil su pésimo desempeño. Esa tarde entendí un mensaje de Gandhi: "En cuanto alguien comprende que obedecer leyes injustas es contrario a su dignidad de hombre, ninguna tiranía puede dominarle".

—Señor Fiscal... quiero decir toda la verdad... —dije de manera resuelta.

Al terminar la diligencia, salí del búnker de la Fiscalía caminando rápidamente, mi apartamento quedaba muy cerca, avanzaba sollozando, arrepentido de no haber dicho toda la verdad con anterioridad. La abogada de la Demil caminaba a paso rápido detrás de mí, estaba más sobresaltada que yo. Llegamos a mi semidesocupada vivienda, en esa época trabajaba en Tunja. Nos dirigimos al fondo, a la habitación principal, nos sentamos en el tapete, allí había un teléfono, enseguida marqué un número telefónico de la ciudad de Bucaramanga:

—¡Buenas tardes, Comando de la Segunda División!
—Buenas tardes, habla el Coronel Orozco, necesito urgentemente hablar con mi General Uscátegui.
—Mi General está en una reunión, no lo puedo interrumpir, —dijo la voz que respondió mi llamada.
—¡Le dije que es una situación muy grave, insisto en hablar de inmediato con él! —dije en tono imperativo.
—Como ordene mi Coronel, un momento por favor.
—Hola Orozco, ¿cómo le fue en la diligencia de hoy? —preguntó el General.

Arrugué mi frente, me extrañó que lo supiera porque yo no se lo había dicho.

—Mi General, quiero que sepa directamente, de mi propia boca, que la Fiscalía descubrió los dos oficios 2919.
—¡¿Cómo?! —Exclamó el oficial...
—Mi General, lo siento mucho, pero yo decidí decirle la verdad a los fiscales.
—¡¿Qué?! —dijo el General una vez más.
—Mi General, en este momento estoy con la abogada de la Demil, con la Dra. Blanca Nieves, se la voy a pasar para que hable con ella y entienda lo que sucedió hoy.
—¡Un momento Orozco, dígame...!
—¡No más..., no quiero seguir hablando con usted...! —le grité.

Le entregué la bocina a la representante de la Demil y allí se quedaron ellos hablando. Minutos después, me despedí de la abogada. Desde ese época, marzo de 1999, el General y yo nos separamos procesalmente.

Ahora más que nunca, sabía que jamás me podría deshacer del Oficio N.º 2919 original. Algo me inducía a pensar que era mi póliza de vida y tenía que guardarlo en un lugar apropiado. Preocupado por la seguridad de ese documento, se lo entregué a personas que lo mantendrían en buena custodia por siempre.

Dos meses más tarde, el turno para confrontar la verdad le correspondió al General Uscátegui. Tuvo la oportunidad para resarcir su error como lo hice yo, pero él escogió la opción equivocada, mintió, lo negó todo, negó el día, negó la noche y como consecuencia pasó detenido: la prueba del Oficio N.º 2919 era demasiado contundente.

Por lo anterior, resulta inaceptable que ahora el General y sus equivocados voceros digan que su dramática situación obedece a la supuesta persecución de que es objeto de parte del Colectivo de Abogados José Alvear Restrepo, en complicidad conmigo.

En medio del dilema creado por el Oficio N.º 2919, con la intención de ocultar el problema, lo mejor que hizo el alto mando militar fue ordenar la investigación de Villavicencio en diciembre de 1997. Cuando la importancia del caso alcanzó límites impensables, su alto perfil obligó a la Fiscalía a ordenarles a todos los juzgados militares la cesación de cualquier investigación y la remisión de lo actuado a ese despacho.

Siguiendo esas instrucciones, el juez militar de Villavicencio envió los legajos que tenía y en ellos, sumisamente y sin saberlo, la misma Institución entregó sin reservas lo que con tanto esfuerzo había querido esconder.

EDECANES MILITARES
Bogotá, 1998

*"En todo lo que nos rodea y en todo lo que nos mueve,
debemos advertir que interviene en algo la casualidad".*

Anatole France (1844–1924), escritor francés.

Todos los estudiantes de ese año fuimos citados en el último piso del edificio principal de la Escuela Superior de Guerra. La razón era agregar la mayor cantidad de Mayores como edecanes militares de cada uno de los países que habían confirmado su asistencia a la ceremonia de posesión del Presidente número 57 de Colombia: Andrés Pastrana Arango.

Entonces, fui asignado a la delegación del Canadá, luego nos ordenaron visitar la Embajada que nos correspondía para conocer el programa específico de cada una, el mismo consistía en recibir a los representantes de ese país que asistirían a la ceremonia de posesión y lo que yo como edecán debía hacer durante y después de la ceremonia, como también despedir a los invitados en el aeropuerto El Dorado. Así fue como conocí a Nicholas, un hombre delgado, alto, de barba ligera y bigote, él era uno de los Ministros Consejeros de esa representación diplomática. En el transcurso de los preparativos y hasta la despedida, nos veríamos unas cinco veces. De esa actividad me queda como recuerdo un velero en estaño que la esposa del diplomático visitante, una hermosa rubia de ojos claros, me obsequió en el aeropuerto minutos antes de ellos abordar el avión de regreso a su país.

Por su parte, el señor Brigadier General Uscátegui fue detenido por orden de la Fiscalía y recluido por primera vez en la Escuela de Infantería, al norte de Bogotá, el 21 de mayo de 1999.

Todos los medios de comunicación cubrieron esa noticia. Cuando sucedió, él estaba en la línea de mando de mi Batallón, el Coronel César Mikan Forero era mi Comandante de Brigada y el General Uscátegui, mi Comandante de División. Curiosamente, en 1997, cuando Uscátegui laboraba como Comandante de la Brigada 7, el Coronel Mikan servía como su Jefe de Estado Mayor.

Con el Coronel Mikan pasé una semana en Mapiripán en agosto 24 de 1997, con la finalidad de preparar la llegada del Gobernador del Meta y varios funcionarios del Gobierno Nacional, que en solidaridad visitaron la población.

El Coronel Mikan Forero había sido mi línea de mando administrativa en 1997 y se encargaba de todo el esfuerzo logístico de esa unidad operativa menor[65], él era el segundo de la Brigada y yo el segundo[66] del Batallón París; en consecuencia, Mikan tenía una frecuente comunicación semanal con todos los ejecutivos de los diferentes batallones. Era un hombre bajito, robusto, con tono de voz siempre cordial, amable y muy respetuoso, en el sentido amplio de la palabra, interactuaba como un caballero total, sus dotes de orador cautivaban las audiencias; como jefe era accesible, jamás acudía al grito o a la severidad para imponer su autoridad, siempre utilizaba el recurso de la cortesía y a sus órdenes anteponía primero el sello de "por favor". A toda esa finura se sumaba su rostro de nobleza, que remataba por una bien moldeada nariz; además, el Coronel se destacaba como un hombre altamente capaz e inteligente y, por tanto, cuando se supo en todo el Ejército que su antiguo jefe había sido detenido, entre otras razones por un caso en el cual yo también estaba siendo investigado, supo mantener la imparcialidad.

A partir de junio de 1999, el ambiente laboral se enrareció para mí. Llegaban sin cesar rumores que atacaban mi dignidad y militarmente fui señalado como desleal y traicionero. Fue entonces cuando entendí que

---

[65] Unidad Operativa Menor es sinónimo para Brigada; Unidad Operativa Mayor lo es para División.

[66] El segundo al mando en una Brigada o en una División ejerce su autoridad en el cargo de Jefe del Estado Mayor. Al segundo al mando de un Batallón se le denomina Ejecutivo o Jefe de la Plana Mayor.

mi carrera como soldado había llegado a su fin. Asimilé esa realidad de inmediato y tomé la decisión de buscar refugio en otro país, por lo cual escogí Canadá.

Conservaba en mi poder una tarjeta de presentación que me había dado Nicholas, el Ministro Consejero. A lo largo de varios meses, hice diversas llamadas para ubicarlo pero nadie contestó, así que grabé varios mensajes en las máquinas contestadoras.

Finalmente, Nicholas pudo escuchar mi mensaje y me respondió dejando otro en la casa de mi suegra. Así que lo llamé.

—Buenos días, Embajada de Canadá, ¿con quién desea hablar?
—Buenos días, quisiera hablar con el Consejero Nicholas, por favor, es de parte del Coronel Orozco.
—¡Ah sí, claro, yo soy la persona que lo llamó y le dejó los mensajes grabados! Un momento, por favor.

En esa época esta Embajada tuvo conocimiento de lo sucedido a través de los medios de comunicación. Como a nivel internacional representaba y aún conservo la imagen de un chivo expiatorio, allí entendían mi problema.

—Buenos días, Coronel, —dijo Nicholas.
—Buenos días, Ministro Consejero —contesté—, imagino que sabrá las razones por las cuales lo llamo, Ministro… ¿se acuerda de mí?

Con una sonrisa lo dijo todo:

—Por supuesto, lo sabemos todo, te espero en mi oficina.

Días después me reuní con Nicholas, en aquella ocasión mi caso como refugiado fue admitido formalmente en la Embajada de Canadá mediante el número de referencia B0400 1189 3. Tenía que cumplir con los requisitos, someterme a los procedimientos legales y entregar toda la documentación que ellos pedían. Salí de ese encuentro casi con un "SÍ, ACEPTADO".

—Gracias por atenderme, Nicholas, —dije antes de despedirme.

—Bienvenido a Canadá, Coronel, —respondió él.

Pero mis proyecciones como inmigrante eran irreales. Para iniciar el trámite, primero tenía que retirarme del Ejército, pues seguía activo y de hecho continuaría sirviendo a la institución por dos años más.

Para ese entonces se había deteriorado tanto mi reputación, que en diciembre de 1999 el alto mando decidió callarme la boca frente a la prensa: me archivó en las selvas del sur del país y fui trasladado al CUS, Comando Unificado del Sur, en Leticia (Amazonas).

A esa agitada y exótica ciudad llegué en diciembre de 1999 y sin importar cuantos kilómetros me distanciaban de Bogotá, continúe con mis planes de viajar al Canadá.

"TUCHABA" CUS

BG. FAC. Fernando Soler Torres
Leticia, Amazonas, 1999--2000

*"La desgracia puede debilitar la confianza,
pero nunca quebrantar la convicción".*

Remusat.

¡Leticia..., Leticia, exótica e incomparable ciudad sobre del río Amazonas, jamás olvidaré la acogida que me diste, siempre recordaré con emoción el intenso verdor de tus paisajes, la abundancia de tus aguas y la amplitud de tus cielos!

El avión de la Fuerza Aérea Colombiana, un C–130 Hércules aterrizó en la amplia pista del Aeropuerto Internacional General Alfredo Vásquez Cobo y desde que llegué a la capital del Amazonas sentí una fuerte sensación de detención, tenía la corazonada de que tarde o temprano sería arrestado por la Justicia Penal Militar.

Por otro lado, la familia había crecido, Felipe tenía un hermanito, Santiago, quien pronto cumpliría cuatro meses de nacido.

En cuanto a Leticia, el costo de vida en aquella época era muy alto, pero aun así, allá pasamos una temporada maravillosa. Vivíamos en el tercer piso del edifico de tres plantas construido al lado del comando del CUS[67] en un apartamento sencillamente amoblado, con balcón, tres habitaciones, dos baños, amplia cocina, sala y comedor, dotado con dos modernas unidades de aire acondicionado instaladas una en la sala y otra en la habitación principal.

---

[67] Abreviatura militar para definir al Comando Unificado del Sur.

Allá adquirí la costumbre de recorrer la ciudad con mi hijo Felipe en una bicicleta con silla de pasajero, esos fueron momentos muy especiales.

En el desempeño de mis funciones como Oficial de Operaciones, conocería la ciudad, recorrería en velocípedo la vía Leticia–Tarapacá, navegaría por el río Amazonas, visitaría la base militar ubicada en la frontera fluvial de Puerto Nariño e iría a la imponente Iquitos, en Perú.

"Una pista clandestina, construida en la inmensidad de la Amazonía, es como una cicatriz en la cara de un ángel, por extensión, una ofensa al creador". En eso pensaba cuando viajaba con frecuencia al corregimiento de Tarapacá en la avioneta camuflada Cessna Caravan, la única que estaba asignada al CUS en ese año. Dos jóvenes oficiales de la Fuerza Aérea ejercían como pilotos, uno era el subteniente Giraldo, alto, delgado, atento, muy abierto y sociable; el otro, bajito y bien formado, de cabello negro, serio y reservado, eran profesionales idóneos, sus caras las recuerdo muy bien, un nombre he olvidado, pero sé que su destreza nos permitió recorrer los cielos del Amazonas sin contratiempos ni emergencias. En mi opinión, todos los pilotos de la Fuerza Aérea Colombiana son diestros y muy competentes, en la calidad de esos dos muchachos lo vi.

La buena distribución del tiempo, sumada a la moderada exigencia del trabajo, me generó la inquietud de escribir un libro sobre la historia de la fundación de Leticia y sus unidades militares. Para ello tenía variados libros de apoyo e investigación, interesantísimos, todos de la biblioteca de mi oficina, en uno leí que en épocas remotísimas, algunas tribus amazónicas llamaban "Tuchaba" a sus jefes.

Utilizando ese término, le obsequiamos a nuestro Comandante, Brigadier General de la Fuerza Aérea, don Fernando Soler Torres, una base en fina madera para que colocara su bastón de mando y en él escribimos las palabras "Tuchaba Cus," que significa Jefe del Comando Unificado del Sur. La sencilla pieza había sido tallada en madera exótica, propia de la selva tropical húmeda, de color rojo, densa y muy dura llamada Palo sangre (*Brosimum rubescens*).

Un día cualquiera, al reflexionar sobre mi situación, me di cuenta que el Ejército había cometido un error enviándome a Leticia, yo podría cruzar la frontera, no volver y crear un conflicto diplomático. Lograr un objetivo así no sería difícil, de hecho, solamente tenía que cruzar la última calle de Leticia para estar en la primera calle de Tabatinga, así, dando un solo paso, cruzaría el límite entre Brasil y Colombia y acudiría a los mecanismos internacionales para pedir apoyo y ayuda. Pero pudo más la influencia positiva de Don Fernando Soler, mi Comandante y superior inmediato.

Mis diferencias irreconciliables eran con el Ejército, no con la Fuerza Aérea. Pero la razón principal por la que nunca ejecuté un plan así, fue la de evitarle un mal momento a un hombre que me había tratado bien. Don Fernando, su esposa y su familia se habían ganado mi corazón. No los podía arrastrar con mis problemas sin razón. A partir del día en que el General Uscátegui fue detenido, entendí que debía salir del país de manera legal utilizando el apoyo internacional del refugio o el asilo político.

Entonces, decidí reactivar de nuevo mis contactos con Canadá. Pedí un permiso para viajar a Bogotá. Mi sobrina Manuela había nacido el 29 de mayo de 2000 y quería conocerla. Cargué en mis brazos a mi pequeña Manuela ocho días después de nacida, la besé, felicité a su madre Marcela, hermana de mi esposa, y luego al padre, mi hermano Andrés Alejandro (q.e.p.d.). Posteriormente, visité la nueva Oficina de la Embajada de Canadá, ubicada al norte de Bogotá. Recibí algunos documentos con las instrucciones para iniciar el proceso de refugio. Saludé a Nicholas y regresé a Leticia.

El presentimiento de mi arresto se hizo realidad y llegó a Leticia en forma de avioneta del Ejército. Cuatro militares en uniforme camuflado bajaron de la aeronave y se dirigieron en automóvil hasta el Comando del CUS. El General Soler había sido advertido oportunamente y los esperaba en la oficina. Ese viernes, 28 de julio de 1999, me encontraba almorzando en compañía de mi esposa cuando sonó la radio:

—Mi Coronel, mi General Soler lo necesita en la oficina, cambio.
—Ok, recibido, voy de inmediato, fuera.

Cuando llegué a la entrada principal vi caras nuevas, eran dos oficiales del Ejército en el grado de Teniente, nos saludamos cordial y efusivamente, los invité a que comieran y bebieran algún refresco en la cafetería y continué hasta la oficina en donde me esperaba mi Comandante.

—¡Permiso sigo, mi General! —dije.
—¡Siga, Orozco! —contestó don Fernando.

El General era un amante del tenis, lector consumado, medianamente alto, delgado, de piel blanca, siempre reflejaba amabilidad en su rostro, ese día tenía un ligero semblante de preocupación, vestía su uniforme azul y estaba sentado, frente a él se habían dispuesto tres sillas, la del centro estaba desocupada... obviamente era para mí, a derecha e izquierda estaban acomodados de espalda dos Oficiales de grado Coronel en uniforme camuflado.

—Siéntese, Orozco —dijo el General con marcada amabilidad.

Fue entonces cuando pude ver la cara de los dos personajes, uno de ellos el Coronel Mario Correa, el otro era el Comandante del Batallón de Policía Militar 13, Teniente Coronel Manuel Guzmán Cardozo; saludé a cada uno respetuosamente, me senté en medio de ellos despreocupado y sin sospechar. Tenía mi pistola al cinto. Quedé rodeado y atrapado sin imaginarlo.

El General Soler continuó, utilizando el mejor tono de voz para suavizar el mensaje...

—Orozco, los oficiales aquí presentes han venido con la misión de llevarlo a Bogotá. Por orden del Comandante del Ejército, debe pasar detenido...

La noticia me impactó, el momento había llegado, me sobresalté, quise lanzar un gemido de dolor, pero me contuve de inmediato, el Coronel Mario Correa tomó la palabra y dijo en tono cordial:

—Mi General, conozco a Hernán desde que era pequeño..., Hernán, este documento que tengo es la resolución que lo suspende en funciones y atribuciones, por lo tanto necesito que lo lea y lo firme, por favor.
—Como ordene, mi Coronel. Leí la parte resolutiva y firmé el documento sin aspavientos.

Me levanté de la silla y me despedí de don Fernando estrechando con fuerza su mano de caballero, sería la última vez que lo veía. Entregué la pistola, me dirigí al apartamento escoltado celosamente por el coronel Guzmán Cardozo, le di la noticia a mi esposa, quien no pudo evitar la tristeza y desconsolada lloró de dolor… cualquier separación inesperada por el motivo que sea afecta la razón. En dos tulas verdes y una negra empaqué la mayor cantidad de ropa y unos libros. Media hora después estaba en la plataforma del aeropuerto embarcando en la avioneta blanca–verde asignada al Comandante del Ejército.

Cinco horas más tarde me encontraba oficialmente detenido, confinado en una habitación del casino de Oficiales del Batallón de Policía Militar 13, en Bogotá.

Mi esposa Olga se quedó en Leticia en compañía de mi hijo mayor, Felipe, que en aquel entonces tenía 3 años, y de Santiago, de 11 meses.

Por fortuna, el Teniente Coronel Juan Manuel Suárez era el Comandante del Batallón de Infantería de Selva N.º 50 "General Luis Acevedo Torres", con sede en Leticia; él y su bella e inteligente esposa Paula de inmediato se hicieron cargo de mi señora y mis dos pequeños hijos, los alojaron en su propia casa y procurando atenuar el dolor del momento, juntos les ofrecieron las mejores atenciones posibles, con ello dieron elevadas muestras de sensibilidad, solidaridad y calor humano. Jamás tendremos palabras para agradecerles ese gesto. Con actitudes hermosas como éstas, aflora inevitablemente el sentimiento de humanidad que mitiga el dolor de quien lo padece.

En cuanto a mí, después de 22 años de servicio destacado e ininterrumpido a la Institución, el panorama personal y profesional se empañó irremediablemente con la detención. El proceso de refugio con Canadá se congeló. La transición de la libertad a la prisión no es asunto fácil, pero tampoco es una realidad imposible de soportar. Para sobrevivir, uno debe ajustarse mentalmente al primer reto que supone estar detenido. Es importante aceptar el hecho de inmediato, adaptarse a las dificultades del nuevo ambiente y tener la suficiente voluntad para vivir en las condiciones impuestas por una situación así. En detención una mente jamás puede descansar, debe estar frecuentemente ocupada en proyectos positivos y enfocada de manera permanente en el día de regreso a la libertad.

La primera noche como recluso en el Batallón de Policía Militar 13 (Bapom 13) fue extraña y fría, sin la calidez humana de mis hijos ni de mi esposa. A la medianoche me levanté, abrí las cortinas, la luz de mi habitación estaba apagada, la amplia ventana tenía rejas de hierro. Un grupo de soldados se alarmó cuando me vio frente al vidrio esa madrugada, tenían toda su atención puesta sobre mí.

En cuanto a Olga, mi esposa, el grupo de amigas que había hecho en Leticia le demostraron cariño y se manifestaron sensibles en aquel momento doloroso, le hicieron una sencilla despedida y, una semana más tarde, la familia se reunió conmigo en Bogotá.

En tanto, inconforme con mi situación, quise medir mis capacidades, me propuse muchas metas, me dediqué a escribir la primera y la segunda versión de este libro, también esbocé una historia de Mapiripán en la cual las caricaturas y dibujos lo decían todo; hacía ejercicio físico muy temprano cada mañana y algunas tardes jugaba tenis con el Mayor Carvajal, a quien nunca pude ganarle un partido. En general, aprovechaba todo el tiempo que tenía para crecer, también compré un libro y aprendí a escribir en código HTML, con el que se hacen páginas web. Leía mucho, escribía considerablemente, dormía poco. Nunca he sido un hombre perezoso y la cárcel no iba a cambiar eso en mí, por nada del mundo.

La habitación que me asignaron era modesta, dos camas la adornaban, contaba con una mesa de noche, un escritorio, baño y además buen closet, el piso estaba cubierto por un tapete manchado y quemado, tal vez por algún oficial fumador que había estado allí.

En los primeros días de mi reclusión me visitó Jorge, un buen amigo de la infancia, exitoso empresario y constructor, quien coordinó para que se restaurara totalmente mi lugar de detención, pocas semanas después tenía un bello tapete gris y paredes pintadas, mi celda tenía un mejor aspecto gracias al generoso aporte de mi camarada, quien me visitaría con frecuencia mientras estuve allí. De todos mis conocidos, fue el único que supo con su repetida presencia definir el valor de la amistad. Por eso, en mi condición de refugiado, con inmenso dolor, recibí la noticia de la muerte de su hijo mayor, Federico (q.e.p.d.). Desde entonces, cada día en mi rosario pido por el alma de ese hermoso joven que se fue.

A los dieciocho días de mi detención, el Coronel Guzmán Cardozo, Comandante del Bapom 13, llegó al casino y me saludó, se notaba afanado, preocupado, y dijo que quería hablarme. Esa mañana del 15 de agosto de 2000, después de terminar una sesión de abdominales, me levanté y me acerqué a él.

—Orozco, quiero informarle que su hermano, el Capitán Andrés Orozco, resultó gravemente herido esta madrugada en una operación antisecuestro.

Mi cuerpo estaba caliente por el ejercicio, sentí un fuerte escalofrío, tomé la noticia con calma, el Coronel había dicho que mi hermano estaba "gravemente herido"; pero su semblante decía otra cosa que no supe interpretar. De inmediato llamé a mi esposa, quien en ese momento lo sabía todo. Marcela, para ese instante ya viuda, lloraba desconsolada y entonces supe que había perdido a mi hermano. La última esperanza me abandonó, me sentí miserable y entendí la delicada reserva del Coronel. Ese día lloré amargamente, igual que lo hago ahora al escribir y recordar ese doloroso episodio. Lloré tanto que por poco se me acaban las lágrimas.

Enterré a mi hermano, consolé a su viuda y cargué una vez más a mi sobrina Manuela, quien a los dos meses de nacida era huérfana de padre, abuelo y tío materno.

La muerte de mi hermano Andrés Alejandro fue un mensaje aterrador, los autores querían callarme para siempre. En Colombia es peligroso denunciar. En casos como éste, de Mapiripán, el costo de la opinión es el desprecio.

Cuando mi hermano fue asesinado yo estaba atravesando un difícil momento profesional y personal: carrera arruinada, reputación perdida, me encontraba detenido en un Batallón, separado de mis hijos, de mi esposa y de toda la familia. Lo había perdido todo y el golpe de gracia vino cuando se sumó la inesperada muerte de mi hermano. Cualquiera pensaría que, ante estas circunstancias el suicidio era la salida.

Sin embargo, siempre he sido, soy y seré católico, jamás consideré suicidarme, pero mis enemigos vieron en esa tragedia las condiciones ideales para ellos poder acabar con mi vida y hacer creer que yo mismo hubiera terminado con mis días. Así que trazaron un macabro plan.

Por naturaleza soy un hombre confiado y poco malicioso. Pero una mañana amanecí prevenido, era la acción de los ángeles que me protegían una vez más. Pocos días después de haber perdido a mi hermano, me encontraba hablando con otros oficiales frente al casino del Batallón. Un Sargento se acercó, dijo que estaba estudiando para ascender al grado siguiente y me pidió que le hablara de un ataque que las Farc le habían hecho a la Policía y al Ejército en Miraflores en el año 1998.

Yo tenía todo el tiempo del mundo para decirle lo que sabía, el sargento insistió en que lo llevara a mi habitación para hablar del tema en privado, quería que estuviéramos a solas. De repente, una extraña sensación me hizo desconfiar de él, así que lo miré a los ojos y con total tranquilidad le dije que la pregunta debía hacérsela al Mayor Hárvey García, quien también era estudiante en el mismo lugar donde el sargento estaba (en la Escuela de Infantería, ubicada en el Cantón Norte de Bogotá) y quien debía saber más que yo porque el día de ese ataque el Mayor se encontraba en el Guaviare, en cambio yo estaba estudiando en Bogotá. El sargento se marchó, tal vez lamentando no haber terminado el trabajo que le habrían encomendado. A decir verdad, me causó desconfianza que alguien hubiera venido para hacer una averiguación con la persona equivocada.

Poco tiempo después, un severo escalofrío me hizo temblar de temor, llegué a la conclusión de que ese joven soldado pudo haber sido un sicario. Su plan había fracasado.

Como siempre, he creído que mi hermano Andrés (q.e.p.d.) fue asesinado en oscuras circunstancias con la apariencia de haber caído muerto en una operación militar. Así que preparé un documento en el cual resaltaba mis impresiones y denuncié el hecho ante la Fiscalía el 17 de julio de

2001, *basado en tres razones fundamentales: 1. Mi hermano nunca operaba sin chaleco antibalas, cuando me visitaba lo tenía puesto, no es exagerado decir que dormía con él, pero el día de su muerte, no lo tenía puesto en su cuerpo. 2. Mi hermano era el Comandante de ese Grupo Antisecuestro y dicen que iba de primero, cuando en la práctica se sabe que esa no es la posición del líder. 3. El día de su entierro, el Mayor Dussán Cáceres, Comandante del Gaula[68] y superior de mi hermano Andrés, se acercó y me dijo que el arma que había terminado con la vida de mi hermano no había aparecido.* Yo siempre he sabido que uno se acusa cuando se excusa.

Desde esa fecha su caso está bajo investigación. El primer[69] resultado tangible de mi denuncia se materializó en febrero de 2012, cuando la Fiscalía anunció que la operación militar en donde murió mi hermano presentaba muchas inconsistencias. Todos los testigos —militares que estaban con mi hermano— se contradicen en sus versiones, por ejemplo, no coinciden sus declaraciones en el tiempo de duración del enfrentamiento, unos dicen que fueron 15 minutos de fuego cruzado, otros aseguran que duró dos horas.

Las pruebas de balística en poder de la Fiscalía también son contradictorias entre los militares. Según los expertos, el cuerpo del capitán Orozco apareció con varios impactos recibidos de arriba hacia abajo, de adelante hacia atrás y de izquierda a derecha. Los ángulos de entrada y salida de los proyectiles sugieren que mi hermano se encontraba de rodillas al momento de ser asesinado, concluye el informe forense. Otro hecho sin aclarar es cómo uno de los dos supuestos guerrilleros que murieron en las acciones tenía una lesión en una de sus manos que le impedía disparar.

Aunque en el lugar donde cayó mi hermano se encontraron dos pistolas, ninguna coincide con el arma que lo mató. Lo mismo sucedió con los proyectiles extraídos de su cuerpo, que desaparecieron.

Pero lo más grave es que los investigadores cuestionan el operativo por no haber contado con el apoyo de un fiscal y de personal de la Policía

---

[68]   Grupo Antisecuestro y Antiextorsión.

[69]   Investigan muerte de hermano de militar condenado por caso Mapiripán. (2012, 28 de febrero). *El Tiempo.*

Judicial. Otro hecho que genera dudas a la Fiscalía es que el secuestrado que iban a rescatar en la mencionada operación jamás apareció. Lo cierto es que el asesinato de mi hermano menor fue la amenaza y el golpe más directo que recibí como consecuencia, creo yo, de las investigaciones adelantadas por la masacre de Mapiripán.

En cuanto a mí, en febrero del año 2001 se leyó el veredicto final del Tribunal Militar: ¡Responsable! Así que recibí una condena de 38 meses de arresto militar, de parte de la Justicia Penal Militar. Mi delito fue haber advertido al General y no haberle insistido. Mi error fue haber confiado en el General en vez de desconfiar de él. No obstante, esa condena fue anulada posteriormente por la Corte Constitucional para que el caso fuera investigado por la justicia civil.

En junio de ese mismo año conocí al Colectivo de Abogados José Alvear Restrepo. El 31 de octubre quedé en libertad y regresé al seno de mi hogar. Tres años después, el 25 de enero de 2003, el DAS[70] estampó mi pasaporte en el aeropuerto El Dorado, de Bogotá, cuando iniciaba mi peregrinaje como refugiado.

---

[70] Departamento Administrativo de Seguridad, entidad de inteligencia colombiana liquidada en 2011.

ONG – CORPORACIÓN COLECTIVO DE ABOGADOS JOSÉ ALVEAR RESTREPO

"Los derechos humanos son sus derechos. Tómenlos. Defiéndanlos.
Promuévanlos. Entiéndanlos e insistan en ellos. Nútranlos y
enriquézcanlos… Son lo mejor de nosotros. Denles vida".

Kofi Annan[71]

L a pretensión global del General Uscátegui es la de poner en tela de juicio la imagen y el prestigio internacional de la Corporación Colectivo de Abogados José Alvear Restrepo (Ccajar), al denunciar una conspiración inexistente en su contra, para lo cual se apoya en un desacreditado concepto político-militar conocido como guerra jurídica.

¿Conocí a miembros del Colectivos Alvear Restrepo? Sí. Nuestra relación fue de 18 meses. Por eso quiero manifestar abiertamente que mi caso, administrado por ellos, se ajustó a los más altos estándares de legalidad penal, humanitaria, y estuvo refrendado por un manejo ponderado, profesional y serio.

¿Se manipuló mi testimonio para perjudicar al General Uscátegui antes, durante o después del juicio? **ABSOLUTAMENTE NO.** El juicio se realizó en el año 2005 y yo estaba ausente del país desde el año 2003.

---

[71] Contador público nacido en Ghana en 1938, diplomático y séptimo Secretario General de las Naciones Unidas (1997–2006). En 2001 recibió el Premio Nobel de la Paz junto con la ONU.

El tema de la masacre de Mapiripán es serio, muy serio. Sin embargo, no todos se refieren al mismo con mesura y sensatez. Es el caso de José Jaime Uscátegui, hijo del General Jaime Humberto Uscátegui, su motivación es una combinación de amor a su padre y de odio a quienes lo señalan de ser responsable por lo que sucedió en Mapiripán. Eso es entendible, pero no suficiente.

Elcolombiano.com publicó un artículo[72] el día 5 de noviembre de 2011 titulado "E.U. extraditaría al coronel Orozco a Colombia". En su columna, el periodista Javier Alexánder Macías escribió las siguientes palabras dichas por el *delfín*:

> "Cuando iban a dar orden de captura él dijo que iba a contar toda la verdad. Que el General Uscátegui no había querido hacer nada para evitar la masacre. Lo hizo en 1999 asesorado por el Colectivo de Abogados José Alvear Restrepo".

En esa declaración hay un desfase de dos años y cinco meses calculados desde la fecha de la masacre hasta el año 1999. Esa opinión lo único que busca es enlodar el buen nombre de una reconocida ONG de Derechos Humanos.

En 1999 me desempeñé como Comandante del Batallón de Infantería Simón Bolívar, en Tunja (Boyacá), mi primera interacción con el Ccajar ocurrió exactamente el 1.º de junio de 2001. El año 1999, al igual que cualquier año del calendario gregoriano, tiene 12 meses y la entrevista dada por el hijo del General Uscátegui no puntualizó en qué mes y bajo qué circunstancias recibí asesoría. Durante 1999 mi representación legal estaba en las frágiles y mediocres manos de la Demil. Si hubiera estado en los sólidos brazos del Ccajar, mejor habría sido mi suerte ante los estrados judiciales nacionales.

---

[72]   Macías, J. Alexánder. (2011, noviembre, 5). E.U. extraditaría al coronel Orozco a Colombia. *El Colombiano*. Recuperado de http://solo-noticias.com/display-item/697321/estados-unidos-extraditaria-al-coronel-orozco-a-colombia.asp

Cabe anotar aquí que para vergüenza de la humanidad todos sabemos que Hitler persiguió a los judíos, los odió, los amontonó y despreció a millones. Con sus mensajes, José Jaime, para vergüenza de sí mismo, repite ese modelo de intolerancia, estimula agresivamente la antipatía y persigue sin fundamento a una ONG de Derechos Humanos, lo cual es un contrasentido en un mundo que ha evolucionado en los ámbitos político y social y que es altamente sensible al tema del respeto y la promoción de esos derechos inalienables, que él tanto reclama a favor de su padre.

Sólo un retrógrado ignoraría este hecho, que es la única razón por la cual —y a pesar de lo que falta— se puede aseverar que hoy tenemos un mejor planeta donde vivir, un mundo en el cual los abusivos dictadores son más escasos que ayer y en donde abundan opciones de ayuda y soporte de calidad superior a los conocidos por los miles de europeos que entre 1939 y 1945 se vieron obligados a salir de sus países para salvar sus vidas en busca de un mejor futuro.

Si en la Segunda Guerra Mundial el sistema nazi le hubiera permitido operar a una organización como el Colectivo de Abogados Alvear Restrepo, con seguridad sus integrantes habrían ejercido la defensa de los indefensos y a través de los postulados del derecho, con las armas de la razón, habrían restaurado la dignidad de los millones de seres humillados, y a la vez muchas habrían sido las vidas rescatadas de los campos de concentración.

Cada vez que el General Uscátegui o sus voceros atacan al Ccajar están retrocediendo en el tiempo, activando una cámara de gas, sembrando campos minados de hostilidad, trampas de intolerancia, polarizando y confundiendo a ingenuos. **Al Ccajar no se le puede endosar la culpa por la situación que padece el General Uscátegui.**

El Colectivo cumple la función social de reclamarle al garante —cualquiera quien sea— la falta de acción ante un hecho que desemboque en tragedia. Es la voz de las víctimas. ¿Qué sería de las víctimas sin voz? ¿Quién hablaría por ellos en el escenario internacional? ¿Quién debatiría por ellos, en un país en donde los funcionarios públicos se creen sabios, absolutos e inalcanzables?

¿Qué ha hecho el Ccajar? Señalar como presunto responsable al General por los hechos de Mapiripán. ¡Es lo mismo que han argumentado la Fiscalía y la Procuraduría!

Tal como quedó relatado en capítulos anteriores, yo tomé la decisión, en marzo de 1999, de contarle a la Fiscalía la verdad sobre dos temas cruciales para la investigación: el primero, que el General Uscátegui había sido advertido oportunamente de las posibilidades de la masacre, y la segunda, que él había presionado para cambiar el Oficio N.° 2919 original por uno falso.

En lenguaje llano, en marzo de 1999 el Teniente Coronel Orozco acusó al General Uscátegui ante la Fiscalía y ello desembocó en la detención del alto oficial. Para ratificar esa primera denuncia, en diciembre de 2000 Orozco mantuvo firme su acusación contra el General ante el Tribunal Militar. **Y en ninguna de estas actuaciones hubo la más mínima injerencia del Colectivo. La razón es sencilla, en ese entonces yo aún no los conocía.**

Revisando las actas de esos años en esas diligencias judiciales, se puede establecer con facilidad quien firmó como mi defensor, en ninguna de ellas se encuentra el nombre de un solo abogado del Colectivo, si así fuera, con ello se probaría la tesis del General Uscátegui, erróneamente amplificada por el exsenador Gustavo Petro con respecto a que el Ccajar "compró" mi testimonio para sacrificar a Uscátegui.

Cuando conocí al Ccajar en el 2001, el General Uscátegui ya había sido denunciado por mí en dos ocasiones. Así las cosas, el sentido común le indica al lector, después de analizar esas fechas, que nunca ha existido y que jamás preexistió coordinación alguna con el Ccajar para acusar o llevar al desastre al General Uscátegui frente a la justicia. **La ruina del ilustre General ha sido ocasionada y esculpida con el cincel de su propia omision.**

Si por un momento se asume hipotéticamente que el Ccajar y Orozco estuvieron confabulados contra el General Uscátegui, es importante decir que esa tesis tampoco le alcanzaría al General para limpiar su nombre, lograr la libertad ni obtener una revisión extraordinaria de su caso, porque entonces quedarían por desbaratar los argumentos vigentes de la Fiscalía y la Procuraduría que también fueron considerados para su condena y que conservan los mismos rasgos de aquellos expuestos por el Ccajar.

Hoy, un oficial del Ejército colombiano debe tener meridiana claridad frente a este tema: las ONG de Derechos Humanos se constituyen en una fuerza LEGAL, visible, polémica y necesaria para confrontar con los instrumentos del razonamiento jurídico la perniciosa acción de la mano negra incrustada en algunos Estados y de la cual no escapa nuestra nación.

"Las defensoras y los defensores de DDHH cumplen una labor fundamental[73] en Colombia. Forman parte de las fuerzas democráticas de la sociedad colombiana y han defendido los derechos y libertades fundamentales de todos los ciudadanos, muchas veces con grandes sacrificios personales".

Las ONG de Derechos Humanos no son un poder para desestabilizar a ningún estado y tampoco tienen como finalidad reducir la voluntad de lucha de ningún soldado. Si se pierde de vista este postulado, se recae en la justificación del uso de la intimidación hacia ellas. "La violencia es el miedo a los ideales de los demás", como sabiamente lo afirmara Mahatma Gandhi.

Sumado al deber que cada institución militar tiene de formar adecuadamente a sus hombres, las ONG de DDHH influyen con sus acciones a reducir el nivel de abuso y violencia al que una fuerza militar o policial puede llegar si se desborda su autoridad, como efectivamente sucedió, tenemos que reconocerlo, en el Palacio de Justicia. Cuando en una nación como la colombiana se incuban violentas células, ONG como

---

[73] Fragmento de la intervención del representante en Colombia de la Alta Comisionada de las Naciones Unidas para los Derechos Humanos, Christian Salazar Volkmann, durante el foro "Defensores y Defensoras de Derechos Humanos", desarrollado con motivo del Día de los Derechos Humanos el 10 de diciembre de 2011 en Bogotá.

el Colectivo José Alvear Restrepo contribuyen a hacer más civilizada la sociedad.

Las ONG son veedoras de las acciones estatales. Es favorable y muy provechoso que existan, además de fiscalías y procuradurías, ONG como el Ccajar, centenares de ellas, para que la mentalidad violenta o indiferente de algunos agentes del Estado se ajuste más hacia el respeto por la vida y menos hacia la vigilancia e interceptación ilegal, la masacre, el abuso de autoridad, la ejecución, la tortura o la desaparición. Esa veeduría también permite que externamente se conozcan las atrocidades perpetradas y se ejerza presión internacional para que los gobiernos formulen leyes que los obliguen a fomentar y estimular positivas normas de convivencia y reparación.

En Colombia, las ONG de Derechos Humanos se constituyen en solitarios heraldos de la paz. La paz es tolerante. El General Uscátegui no lo ha sido con uno de esos organismos: el Ccajar.

Testimonios ligeros como los públicamente expresados en contra de organizaciones como el Ccajar motivaron al representante en Colombia de la Alta Comisionada de las Naciones Unidas para los Derechos Humanos, Christian Salazar Volkmann, a manifestar:

> "Asimismo, es necesario[74] que altos funcionarios estatales reiteren públicamente su apoyo a las y los defensoras y defensores de derechos humanos, como fórmula para contrarrestar declaraciones y manifestaciones que con frecuencia cuestionan la legitimidad de su trabajo".

---

[74] Fragmento de la intervención del Representante en Colombia de la Alta Comisionada de las Naciones Unidas para los Derechos Humanos, Christian Salazar Volkmann, durante el foro Defensores y Defensoras de Derechos Humanos, desarrollado con motivo del Día de los Derechos Humanos 10 de diciembre de 2011 en Bogotá D.C.

"No se puede criminalizar la actividad de defensa de los derechos humanos en nuestro país. Avalo[75] y reivindico como absolutamente indispensable en Colombia, teniendo en cuenta el actual contexto político, el trabajo nacional e internacional que en materia de Derechos Humanos ha desarrollado, realiza y continuará llevando a cabo la Corporación Colectivo de Abogados José Alvear Restrepo".

> "Es evidente la importancia y el valor de grupos que, como el Colectivo de Abogados, han cumplido un papel fundamental en la defensa de los derechos humanos, enfrentando la corrupción y los abusos generados o avalados por diferentes instancias del Estado; impulsando la verdad y la justicia en un país donde todavía prevalece la impunidad... Organizaciones[76] de derechos humanos como el CCAJAR, cumplen un papel fundamental para fortalecer la democracia y garantizar los derechos de todas y todos los colombianos".

El 12 de febrero de 2001, la Justicia Penal Militar en Consejo de Guerra Verbal me declaró responsable por omisión. Ese mismo mes me entrevistó Juan Forero, corresponsal del periódico *The New York Times,* quien realizó un trabajo periodístico muy profesional. Esa nota fue publicada el 23 de febrero de 2001.

En mayo de 2001 me comuniqué por primera vez con el Ccajar, el 1.º de junio siguiente me visitó en el Batallón PM13 el abogado Luis Guillermo Pérez Casas. Esa fue la fecha en la cual, como ya lo mencioné, inicié mi relación con esa destacada organización de Derechos Humanos. El final de ese encuentro estuvo marcado por un hecho muy desagradable que implica al Mayor César Alonso Maldonado Vidales, un militar de baja estatura, cuya personalidad se nutría de los halagos cuando orgullosamente portaba en su uniforme verde más de cuatro condecoraciones grises, famosas en el Ejército colombiano, oficialmente llamada de "Orden Público" y que en esencia fue creada para exaltar

---

[75]   Equipo Nizkor. Aparece un afiche anónimo en el que se acusa al Colectivo de Abogados de ser el "brazo jurídico del ELN". 12 junio de 2001.

[76]   Krsticevic, Viviana (2011, mayo, 2). Defendiendo la democracia. *Semana.* Recuperado de http://www.semana.com/opinion/defendiendo-democracia/156060-3.aspx

a aquellos valientes soldados que ceñidos a procedimientos militares correctos, daban de baja a guerrilleros en operaciones de combate limpias. Para aspirar a una codiciada medalla como esas, el positivo tiene que ser verdadero, dice la letra.

Pero ese no era el caso del Mayor Maldonado Vidales cuando en el grado de Teniente empezó a cosechar medallas grises. Su mentalidad radical lo convirtió en el "brazo justiciero" que lo llevó a cometer abusos y crímenes atroces, por los cuales hoy está purgando penas que acumuladas suman más de 90 años. En dos ocasiones se fugó de la cárcel pero fue recapturado por las autoridades policiales y militares.

El Mayor Maldonado es señalado como responsable de la violenta muerte, el 2 de noviembre de 1993, del líder sindical Gerardo Liévano García, "la víctima[77] había sido brutalmente torturada y no conforme con eso los autores del crimen la bañaron con gasolina y le prendieron fuego".

Además, recientemente la Fiscalía comprobó que el Mayor Maldonado fue uno de los autores intelectuales del atentado que el 15 de diciembre de 2000 recibió el líder sindical Wilson Borja. Por este proyecto terrorista Maldonado recibió 25 años de prisión.

En esos dos procesos penales específicos, el Colectivo de Abogados José Alvear Restrepo se constituyó como parte civil y en consecuencia lo señaló como presunto responsable de las mismas imputaciones hechas por la justicia colombiana.

Maldonado, quien tiene un prontuario criminal bastante extenso, se definía a sí mismo como Héroe Nacional respaldado en la cantidad de asesinatos que había cometido y que su errada mentalidad clasificaba como subversivos y enemigos de la patria. Su conciencia sabe que su desempeño militar está plagado de falsos positivos. Lo que sus selectivos ojos negros veían como despreciable, era diferente a lo que apreciaban

---

[77]   Las andanzas criminales del Mayor Maldonado (2011, enero, 23). *La Opinión*. Recuperado de http://www.laopinion.com.co/noticias/index.php?option=com_co ntent&task=view&id=366210&Itemid=92

los ojos de las dolientes familias, que sufrían con esas muertes la pérdida de valiosas vidas humanas. A ese grado de insensibilidad jamás debe llegar un soldado.

En consecuencia, el Mayor Maldonado odiaba al Colectivo de Abogados José Alvear Restrepo y conservaba esos sentimientos cuando en mayo de 2001 llegó detenido al mismo lugar en donde yo estaba arrestado por los hechos de Mapiripán: el Batallón de Policía Militar 13.

Como ya lo mencioné, el viernes 1.º de junio de 2001 entró por la puerta del casino de Oficiales del Bapom 13 un hombre de mediana estatura, cabello ligeramente ondulado y piel blanca, vestía traje sobrio y corbata. No había en él ningún asomo de ostentación ni arrogancia. Su talante de abogado se hizo evidente a medida que se escuchaban sus planteamientos, siempre bien estructurados, que se elevan cuando los expone en un perfecto francés; Me refiero a Luis Guillermo Pérez Casas, un orador como pocos he visto y poseedor de una mente brillante.

El jurista y defensor humanitario Pérez Casas me visitó por espacio de media hora, quizás, hablamos del caso Mapiripán y de mis condiciones de seguridad. Al mediodía lo acompañé para despedirlo y nos encontramos con una desagradable sorpresa: las dos ruedas del lado izquierdo de su vehículo estaban pinchadas.

Cuando el defensor Pérez Casas entraba al casino a visitarme, fue visto por el Mayor Maldonado, quien se encontraba sentado en una de las salas de ese recinto. De inmediato llamó a su amigo, otro Mayor detenido, Mauricio Llorente, y mientras éste vigilaba, el Mayor Maldonado atacaba simbólicamente al defensor quitándole el aire a dos llantas.

El Mayor Maldonado inició su carrera en el arma de Caballería, pero al igual que el Coronel Lino Sánchez (q.e.p.d.), con el tiempo se decidió por la Inteligencia Militar. Allí aprendió turbios métodos de manipulación de información y sucias técnicas para atacar y desprestigiar a los grupos de izquierda y a todo el que pensara diferente a él. Fue así como fabricó una falsa grabación en la que presuntamente mi voz aparece y en la que se sugiere que el Colectivo de Abogados José Alvear Restrepo me había ofrecido privilegios para sacrificar al ex Comandante de la Séptima Brigada. La falsa grabación fue enviada por el Mayor Maldonado como un obsequio especial para el General Uscátegui. Durante el Juicio en Bogotá, el General utilizó esa cinta para proponer la tesis de que la parte civil, en cabeza del Ccajar, lo perseguía y quería presentarlo como un trofeo en el escenario internacional.

Pero en la sentencia que lo absolvió en 2007, el juez Jaimes Villamizar entendió que esa cinta no constituía evidencia legal, dado que las leyes colombianas no avalan ese tipo de pruebas porque son altamente manipulables, como sucedió en este caso, y en consecuencia no aparece como referencia para su decisión en ninguna de las 330 páginas que tiene ese errado veredicto.

En mi opinión, ignorar esa ilegal evidencia, presentada como válida por el General Uscátegui, ha sido lo único justo que ha hecho el juez Jaimes Villamizar, quien conoció el caso.

Pero para darle un tinte de legalidad a esa grabación, el General Uscátegui logró que el área de criminalística, gabinete de acústica forense, adscrita a la Dirección Central de la Policía Nacional, certificara como auténtica mi voz y ese organismo emitió concepto positivo el día 4 de marzo de 2003. Ese dictamen fue hecho un mes y medio después de yo haber salido de Colombia y luego de más de seis meses de haberse fabricado esa prueba, contados a partir de la última vez que por un minuto me entrevisté con el Mayor Maldonado. Antes de que esa cinta llegara a las manos del General Uscátegui, estuvo en proceso de edición y manipulación en las negras manos del Mayor Maldonado. Todos conocemos el resultado de ese corrompido trabajo.

Así, sin que mediara una solicitud legal de juez o funcionario judicial, mi voz se convirtió en un falso positivo de carácter digital. Esa cinta falsa, ilegal y artificialmente creada por el Mayor Maldonado con el fin de vengarse del Colectivo Alvear Restrepo, es la misma que hoy exhibe con orgullo el General Uscategui en su página web.

Otro dato que vale la pena mencionar sobre esta falsa grabación es que, si fuera cierta, ésta habría sido lograda de manera ilegal y vulnerando el derecho constitucional que tengo a mi intimidad, por cuanto habría sido tomada sin haberme informado al respecto y sin mi autorización.

Al respecto, el Art. 15 de la Constitución Política de Colombia dice: "Todas las personas tienen derecho a su intimidad personal y familiar y a su buen nombre, y el Estado debe respetarlos y hacerlos respetar…".

Sobre este tipo de pruebas, el Magistrado Marco Gerardo Monroy Cabra afirmó, el 29 de marzo de 2007, con respecto al expediente T–1498919 que:

> …*las grabaciones de imagen o de voz realizadas en ámbitos privados de la persona, con destino a ser publicadas o sin ese propósito, constituyen violación del derecho a la intimidad personal, si las mismas no han sido autorizadas directamente por el titular del derecho y, además, en caso extremo, si no han sido autorizadas expresa y previamente por autoridad judicial competente*[78].

Por otro lado, el Art. 23 del Código de Procedimiento Penal asegura en su Cláusula de exclusión: "Toda prueba obtenida con violación de las garantías fundamentales será nula de pleno derecho, por lo que deberá excluirse de la actuación procesal. Igual tratamiento recibirán las pruebas que sean consecuencia de las pruebas excluidas, o las que solo puedan explicarse en razón de su existencia".

Además, el Art. 360 del mismo Código asegura: "PRUEBA ILEGAL. El juez excluirá la práctica o aducción de medios de prueba ilegales, incluyendo los que se han practicado, aducido o conseguido con violación de los requisitos formales previstos en este código.

De lo anterior se deduce con claridad que es ilegal que el General Uscátegui exhiba esa "prueba" a través de su página web. Si el juez Jaimes Villamizar, quien asumió el juicio, permitió –faltando a su ética- que allí se escuchara pero no la consideró en sus planteamientos para imponer la pena, uno se pregunta, ¿por qué él General sigue teniéndola allí? Por respeto jurídico y por decencia no debe publicarla.

---

[78] Recuperado de http://www.sututela.com/jurisprudencia/sentencia-de-tutela-t233-de-2007-t-233-07

Después de esa primera visita que terminó con el ataque a las llantas del carro del defensor Pérez Casas, vendría una segunda veinte días después, también de carácter humanitario. El 21 de junio, sin saberlo, se estaba celebrando una ceremonia militar en el Batallón de Policía Militar 13. Me encontraba tomando un reposo porque me habían extraído dos muelas cordales. A mi habitación llegó el abogado Pérez Casas una vez más. El Mayor Maldonado se dio cuenta de su presencia y llamó al director del penal militar, quien contagiado por los fogosos planteamientos de Maldonado, llegó corriendo como un toro de San Fermín, apareció intempestivamente en mi habitación, abrió la puerta con innecesaria violencia y expulsó en términos desobligantes al defensor, bajo el supuesto de no existir permiso para tal actividad.

Hasta esa época, el ambiente en la prisión militar fue respetable durante el período del Coronel Manuel Guzmán, pero se había deteriorado para mí desde la llegada del nuevo Comandante, Teniente Coronel Alberto Echeverry Arias, y se complicó con las visitas oficiales que me hacía el Ccajar.

El nuevo Comandante del Batallón de Policía Militar 13 tramitó un siniestro informe a la Brigada 13 en el cual sorprendentemente informaba que yo tenía planes de fuga para escaparme del centro carcelario en complicidad con una embajada. Entonces, el 26 de marzo de 2001 la Brigada 13 envió al Teniente Coronel Javier Alberto Flores Aristizabal a adelantar la respectiva investigación. Ese funcionario me mostró los antecedentes del caso, así fue como conocí el informe firmado por la mano negra del Coronel Echeverry y el que, en mi opinión, me estampaba una oscura cruz en la frente, similar al código de números que los nazis ponían en los brazos de los judíos, la diferencia era que en esta ocasión era invisible, pero real.

Preocupado, reaccioné de inmediato. Envié tres derechos de petición[79] a la Brigada 13 para solicitar copia de ese pernicioso oficio y además responsabilizar a ese Comando de estimular las condiciones para que se atentara contra mi vida. Nunca me entregaron copia de ese documento.

---

[79]   Los documentos están fechados el 2 de abril de 2001, el 13 de julio de 2001 y el 26 de julio de 2006, respectivamente.

El 1 de agosto de 2001, el Brigadier General Reynaldo Castellanos Trujillo respondió que la investigación había quedado suspendida[80] y archivada.

Por otro lado, mi esposa, enterada del incidente, buscó medidas de protección directamente ante la Oficina del Alto Comisionado de las Naciones Unidas para los Derechos Humanos, el señor Ander Kompass, y allí tomaron cartas en el asunto. El 24 de julio de 2001 tres vehículos BMW entraron con luces encendidas y a mediana velocidad por la amplia avenida del Batallón de PM 13 y se estacionaron frente al casino de Oficiales, justo en el mismo lugar en donde el Mayor Maldonado había desinflado las llantas del carro del Colectivo Alvear Restrepo.

El Director Adjunto del Alto Comisionado, Amerigo Incalcaterra, escuchó mi versión sobre la existencia de ese perverso documento, sumado a mis planteamientos por el caso Mapiripán y las demás preocupaciones que habían surgido por el vínculo humanitario que sostenía con la ONG José Alvear Restrepo. Creo que esa visita sirvió para desactivar cualquier plan maligno que se hubiera estado planeando contra mi vida.

El 20 de junio 2001 envié un oficio al Dr. Pérez Casas, del Colectivo Alvear Restrepo, en el que le solicitaba su intervención para que se descongelara mi trámite de refugio ante la Embajada de Canadá, que hubiera iniciado el 29 de junio del año 2000. Fue así como un día, cuya fecha no recuerdo, pero que se ubica entre agosto y octubre de 2001, me entrevisté con el Embajador de ese país en compañía de Olga, mi esposa, y el abogado Pérez Casas; gracias a esta sencilla gestión humanitaria, mi caso quedó nuevamente reactivado.

Pocas semanas antes de quedar en libertad y, debidamente autorizado por el Director de la Cárcel Militar, realizaba trámites en el Ministerio de la Defensa Nacional cuando vi pasar al General Fernando Tapias, Comandante General de las Fuerzas Militares.

---

[80]   Oficio N.º 7242 – DIV5–BR13–CDO–789 de fecha 1.º de agosto de 2001, firmado por el Brigadier General Reynaldo Castellanos Trujillo, Comandante de la Brigada 13.

Entré con él al mismo ascensor y le dije que necesitaba cinco minutos de su tiempo para conversar un tema reservado, él amablemente accedió e ingresamos juntos a su imponente oficina:

—Mi General, en las próximas semanas quedo en libertad por pena cumplida y esa decisión preparada por el Tribunal Militar será verificada por usted en su calidad de Presidente del mismo. Necesito salir del país, me tengo que ir de Colombia, así que quisiera que entendiera que para mí es importante que en esa resolución no se me restrinja esa posibilidad.
—*Negro*... voy a revisar el caso con los magistrados —dijo en tono prevenido el Comandante General.
—Gracias, mi General.

El 30 de octubre de 2001 me encontraba leyendo ese documento, en el cual se me concedía de manera simultánea la libertad pero se me prohibía salir del país. Con la sutileza de un ajedrecista, el General Tapias se apartó de esa decisión nombrando a otro oficial como presidente *ad–hoc*, el General Alfonso Ordóñez Quintana. Así las cosas, el proceso canadiense quedó definitivamente sepultado y no visité más esa delegación diplomática.

Me sentí desamparado y a merced de los sicarios. La prohibición de salir del país acababa con un esfuerzo de varios años, me dejaba expuesto a la maldad, pero providencialmente, la obsesión del General Uscátegui compensaría la indecisión del General Tapias.

Unos meses después, el jueves 28 de febrero de 2002 recibí una llamada misteriosa:

—Coronel, buenas noches, ¿cómo está? —dijo una voz femenina en tono inquietante.
—Hola Marina, me encuentro bien, ¿cómo están ustedes?
—Preocupados, Coronel... necesito reunirme con usted porque tengo que decirle algo muy grave, ¿cuándo nos podemos ver?
—Inmediatamente, Marina, te espero en el supermercado Carulla, el que está ubicado en la Avenida Suba con calle 127, —le contesté.

Una hora después estábamos reunidos en la entrada principal del supermercado, justo en medio de los locales de la farmacia.

—Coronel, yo estuve hace unos días en la Universidad Militar y escuché que alguien pronunciaba su apellido en tono de odio, me llamó la atención, me devolví, me acerqué y escuché al General Uscátegui cuando le decía a otro General activo: "El hijueputa de Orozco no se fue para Suiza, seguramente sigue en malos pasos, con la guerrilla o los *paracos*. Lo estuvimos siguiendo pero se nos perdió en Unicentro"[81].

—Gracias Marina —respondí preocupado porque con cierta frecuencia visitaba ese centro comercial.

—Coronel... cuídese, por favor... usted tiene un enemigo muy grande... Cuídese, por favor... cuídese... —dijo ella con una mirada de lástima.

—Sí, claro, gracias. Nos despedimos con un fuerte abrazo, ella había venido en compañía de su esposo Félix. El destino quiso que esos dos ángeles escucharan la imprudente conversación del General para que yo fuera advertido con anticipación.

Informé por escrito al Ministro de la Defensa Nacional sobre esas vigilancias ilegales. Visité la Fiscalía y le comuniqué la situación personalmente al fiscal del caso, el Dr. Leonardo Cabana Fonseca, quien puso cara de preocupación al enterarse. Pero alguien en el Ministerio de Defensa le comentó al General Uscátegui sobre mi queja y él me demandó por injuria y calumnia. El día que estaba frente a otro fiscal respondiendo esa demanda, sucedió algo curioso, escuché detrás de mí una voz conocida:

— ¡Así era como lo quería ver! —dijo la voz en tono fuerte y vengativo.

Era nada más ni nada menos que el General Uscátegui... Yo me había quejado de ser objeto de seguimientos y vigilancias ilegales, se suponía que esa diligencia ante el fiscal era reservada y la presencia del General confirmaba mis sospechas. El fiscal se vio en la obligación de ordenarle al General Uscátegui que se fuera. La demanda no prosperó para él.

La misma noche que supe de esas ilegales actividades en mi contra, las reporté por correo electrónico al abogado Pérez Casas, quien en esos días se encontraba en Argentina. Él no lo dudó un segundo, entendió el alcance de la amenaza y de inmediato dio instrucciones a las oficinas principales

---

[81]   Centro comercial ubicado al norte de Bogotá.

del Ccajar para que tramitaran una solicitud de **medidas cautelares**[82] con el fin de garantizar mi vida y mi integridad. En consecuencia, esas medidas de prevención fueron aprobadas por la Comisión Interamericana de Derechos Humanos el día 12 de abril de 2002; las mismas, créase o no, fueron provocadas por el celebérrimo General Uscátegui Ramírez. La persecución, vigilancia y seguimiento con los que me tenía acosado el General desembocaron en esas garantías protectoras que se materializaron con asignación de dos escoltas armados con pistolas, chalecos antibalas y una camioneta que, se suponía, debería ser blindada, pero que nunca lo estuvo porque todo ese inventario especial estaba agotado.

Un mes después, el jueves 23 de mayo de 2002, fui invitado a una reunión con la Comisión Interamericana de DDHH que se realizó en un amplio y hermoso salón del Ministerio de Relaciones Exteriores, que anteriormente fuera el Palacio de San Carlos y residencia presidencial. En esa ocasión expuse los motivos de mi problema. Como el proceso de refugio con Canadá había concluido, le solicité al gobierno colombiano que me sacara del país con mi familia. El Ccajar también estaba presente respaldando mi caso y varios más que se ventilaban ese día. El Presidente de la Corte Interamericana manifestó que la situación era de grave riesgo y que se debía actuar de la forma más rápida posible. El Gobierno Nacional, en cabeza del Ministro del Interior, escuchó los planteamientos y demostró interés por buscar una solución.

Por lo tanto, el viernes 28 de junio de 2002 a las 9 de la mañana, me reuní con el Dr. Carlos Julio Vargas, de la Vicepresidencia, para hacerle un seguimiento a las medidas de seguridad ordenadas por la Comisión Interamericana. La consecuencia local de esas medidas decretadas por la Comisión fue la de ingresar al programa de protección del Ministerio del Interior. El miércoles 4 de septiembre de 2002 recibí una camioneta blanca Ford y escogí a dos hombres de mi confianza como guardaespaldas, Germán y Andrés, quienes se entrenaron en el DAS, ambos desempeñaron una labor destacada y efectiva para buscar mi tranquilidad y mi seguridad.

---

[82]   Las medidas cautelares no tienen autoridad de cosa juzgada, pues ello está reservado a las sentencias definitivas, pero siempre se imponen a la administración.

El acompañamiento del Colectivo de Abogados Alvear Restrepo se limitó a solicitar y tramitar esa petición ante la OEA, una vez aprobada, quedé bajo la protección directa del Ministerio del Interior. Cuando salí del país, en enero de 2003, los tiquetes aéreos fueron tramitados por el Gobierno Nacional. **El Colectivo de Abogados no tuvo ninguna injerencia en mi proceso migratorio.**

En las oficinas del Colectivo José Alvear Restrepo, una tarde cualquiera de 2002 conocí en persona a Wilson Borja, alto, delgado, caminaba con ayuda de una muleta y llevaba puesto aquel sombrero de carranguero "para que las ideas no se escaparan", él era la prueba viviente del fallido atentado ordenado por Carlos Castaño y cuyo promotor directo había sido el inicuo Mayor Maldonado.

Por otra parte, hice para el Colectivo de Abogados una grabación en video de mi testimonio sobre Mapiripán, la misma se realizó en el salón de un hotel al norte de Bogotá, ubicado cerca de una instalación militar; se suponía que sería transmitida solamente en los países europeos, pero pocos días después estaba siendo visto en los canales nacionales colombianos. De esta manera quedé aún más expuesto.

Aquí es importante anotar que a pocos meses de la masacre de Mapiripán, algunos oficiales de grado Coronel estaban reunidos junto a una posición de morteros de 81 mm, mi arma favorita, hablando de paramilitarismo. De manera informal planteé la siguiente pregunta:

—Mi Coronel, si un paramilitar visita el Batallón, que se supone que se debe hacer con ese individuo…
—Usted que haría, Orozco…
—Ordeno que lo arresten y lo entrego a la Policía…
— ¡Ja, ja…! —rieron los demás…
—Así debería ser, pero no es realista la respuesta —dijo otro oficial.
—Orozco, un paramilitar es como una amante en la vida de un hombre, se tiene pero no se muestra.

Con esta observación del Coronel Lino Sánchez (q.e.p.d.) se disolvió el grupo.

Tiempo después, cuando grabé el video para el Colectivo de Abogados, repetí ese comentario de la "amante". Años más tarde, cuando el hijo del General Uscátegui hizo un amañado documental llamado "¿Por qué lloró el General?", editó el contenido de ese video grabado en aquel hotel y de manera malintencionada manipuló el mensaje para que durante su proyección yo apareciera reconociéndome como el autor de esa opinión, que en realidad era de un tercero. Y esa fue la grabación alterada y contaminada de mentiras que el hijo del General le mostró al parlamentario Petro y a la Comisión Interamericana de Derechos Humanos. Increíble, el *delfín* engañó al, en ese entonces, Senador de la República y no tuvo ningún escrúpulo en presentarlo como autentico a los magistrados de una corte internacional de la ONU. No hay ninguna persecución del Colectivo de Abogados Alvear Restrepo. El problema del General radica en haber ignorado una seria advertencia y edificar una defensa con base en ese error.

En cuanto a la afirmación hecha por el hijo del General Uscátegui, con que finaliza el artículo "Los hijos de Mapiripán", escrito por Diana Calderón el 28 de noviembre de 2011 para *El Espectador:* "... no le profeso ningún odio al coronel Orozco a pesar de que la situación en la que yo estoy en buena medida se la atribuyo a él...", no me queda más que invitarlo a que lea con actitud reflexiva el Oficio N.º 2919. Con ese documento di aviso al General en el momento justo sobre la situación que se vivía en Mapiripán (hecho que ya es muy claro para la justicia). Así las cosas, si José Jaime va un poco más allá en su análisis, podrá establecer que es su propio padre, por no haber atendido ese informe, quien lo llevó a la situación en la que se encuentra. El Colectivo de Abogados tampoco tiene la culpa de que el General haya ignorado ese importante reporte de emergencia.

Personalmente pienso que todos los individuos que se dedican a defender los Derechos Humanos son personas valiosas en una nación de agudos conflictos sociales, como la colombiana. Es entendible la prevención que los militares de mi generación teníamos e incluso algunos aún tienen hacia ellos, lo aprendimos en las aulas, cuando materias como

Ideologías Políticas y Guerra Revolucionaria[83] hacían parte de nuestro pénsum académico y eran dictadas por activistas de derecha, que con sutileza hacían abiertamente apología del delito al exponer fogosos planteamientos, como aquel inolvidable comentario que hiciera uno de ellos cuando cerró una charla sugiriendo que a Jaime Pardo Leal[84] (q.e.p.d.) se le deberían recetar dos cápsulas calibre 38, sin importar que entre nosotros estuviera un compañero, el Teniente Guillermo Hernández Riveros, esposo de Yalima, la hija de Pardo Leal, esa conferencia terminó con un nutrido aplauso y risas de una gran mayoría de Oficiales. Meses después se cumplió esa doble profecía.

Y digo que fue un doble vaticinio porque el Dr. Jaime Pardo Leal había dicho con anterioridad: "Si la muerte me sorprende no le tengo miedo. Soy un hombre dialéctico. El día que me muera vendrán otros mejores a remplazarme".

Por asesinatos sin ningún sentido como el ejecutado contra la humanidad del señor abogado Pardo Leal y por la existencia de manifestaciones siniestras como masacres, torturas, desapariciones y tantas más —que son la predilección de mentes extremistas como la del Mayor Maldonado—, la razón y la inteligencia se revelaron. Y allí fue cuando nacieron otras ONG de Derechos Humanos, entre ellas el Ccajar, a cuyos integrantes conozco, admiro y respeto porque con su trabajo, incomprendido y criticado con odio, contribuyen a que Colombia sea menos violenta y más civilizada, quizá algo imperfecta, pero definitivamente más humanizada.

---

[83]   El autor conserva libreta de calificaciones de la Escuela Militar de Cadetes del primer semestre de 1981, en donde están incluidas esas asignaturas.

[84]   Presidente de la Unión Patriótica UP, abogado y candidato presidencial asesinado el 11 de octubre de 1987 en La Mesa (Cundinamarca).

TRAVESTY OF JUSTICE

Bogotá, 2006–2007

"Donde hay poca Justicia,
es un peligro tener la razón".

Francisco de Quevedo.

"En la madrugada del 17 de julio de 1918, el zar, su familia y cuatro fieles asistentes son llevados al sótano de la casa Ipatiev, donde están retenidos desde abril. Nicolás II había abdicado en marzo del año anterior tras la Revolución Rusa. Fue expulsado primero a Tobolsk, en los Urales, y después a Ekaterimburgo. Aquella madrugada del 17 de julio, temiendo que el Ejército blanco fiel al zar intentara liberarlo, los sóviets de los Urales que los tienen cautivos fusilan a toda la familia y a sus cuatro sirvientes"[85].

Robert K. Massie escribió el libro "The Romanovs, the final chapter". En la etapa de preparación de esta interesante obra, en abril de 1993, conoció a dos médicos estadounidenses que habían viajado a Rusia[86] a investigar ese histórico asesinato y les hizo la siguiente pregunta: "¿qué ocurre en la mente de un verdugo cuando está disparando, pasando por la bayoneta y aplastando la cara de personas indefensas?" El investigador Hamilton respondió:

"Pienso que es típico en este tipo de asesinatos. Usted despersonaliza a la víctima y despojándola de su condición de ser humano, la convierte en un símbolo. Así las cosas usted está asesinando al régimen, al Zar, está descomponiendo el

---

[85] wikipedia.org/wiki/Dinastia Romanov.

[86] El doctor William Maples y su grupo de investigadores llegaron a Ekaterimburgo el 25 de julio de 1992.

odioso pasado y creando un nuevo orden. Los asesinos en serie hacen lo mismo. Comúnmente, ellos compartimentan y deshumanizan completamente a sus víctimas y entonces cometen atrocidades imposibles de imaginar en la mente de una persona común y corriente"[87].

Guardadas las correspondientes proporciones, debo manifestar abiertamente que he sido una víctima de la falta de imparcialidad del juez que presidió el juicio por la masacre de Mapiripán, el Dr. Óscar Gustavo Jaimes Villamizar, quien se convirtió en mi verdugo judicial.

El General Uscátegui fue detenido en 1999. En ese año, o quizás en el 2000, el entonces juez Jaimes Villamizar lo visitó[88] en su lugar de detención, la Escuela de Infantería, al norte de Bogotá. El juez quería trabajar en la Justicia Penal Militar, necesitaba la recomendación de un militar de alto rango y se la pidió al General, quien amablemente le dio el sí.

Gracias a ese apoyo, Jaimes Villamizar fue aceptado en esa jurisdicción Penal Militar. En sus propias palabras:

> "...amablemente me brindó el respaldo que buscaba, por eso asumo que tuvieron en cuenta en la Dirección de la dependencia en cuestión, mi hoja de vida... es sumamente probable, ... que esa cordialidad y deferencia para conmigo del Señor Uscátegui Ramírez, de alguna manera se entienda que aminora la ecuanimidad e imparcialidad que debe existir... o también que se infiera que esa situación generó una deuda de gratitud y la misma pueda ser pagada a partir de ciertas actitudes del suscrito en su condición de juzgador..."[89].

---

[87] Traducción directa del libro escrito por Massie, Robert K. (1995). *The Romanovs, The final chapter*. United Stated of America: Random House Publishing Group, pp. 69.

[88] No soy amigo del General Uscátegui (2005, semana del 30 de enero al 5 de febrero). Judicial 9 A. *El Espectador*.

[89] Impedimento suscrito por el juez Jaimes Villamizar para no adelantar el juicio por los hechos de Mapiripán, firmado el 22 de octubre de 2004.

A partir de esa visita, de esa ayuda, el sentido común nos permite concluir que un posible sentimiento de aprecio y admiración surgió del juez hacia el General. La teoría de esa casualidad se materializaría años después, cuando ese abogado que lo visitó en su celda, se convirtió en el juez que adelantaría el juicio oral por los hechos de la masacre de Mapiripán, en el cual el General Uscátegui era uno de los principales sindicados por omisión.

Esa aparente diminuta huella de gratitud, se ve inmensamente reflejada y ampliamente correspondida en el veredicto que lo absolvió.

Cuando uno lee la sentencia escrita por el Juez Noveno Penal del Circuito Especializado de Bogotá, Jaimes Villamizar, es inevitable reconocer que la tristeza aborda los límites de la desesperanza, que la desilusión, la impotencia y el dolor invaden el alma: uno se siente despersonalizado, aniquilado y jurídicamente masacrado. Ese fallo fue un fusilamiento moral en el cual se utilizaron balazos de sevicia adjetiva y sustantiva, bayonetas de conceptos errados, adaptados y acomodados de manera maliciosa y exclusiva para agradecer un favor del pasado y compensar un padecimiento del presente. Todos los agravantes y vacíos jurídicos que existían en el caso en contra del General Uscategui, fueron llenados con especulaciones a su favor y en perjuicio mío. Este juez sentenció con el criterio de un Rasputín, y la oscura convicción de un Yakov Yurovsky.

Sería tan intenso el sentimiento de solidaridad del operador judicial hacia el General, que primero se declaró impedido para enjuiciar a una persona que había sido amable con él, provocando luego una colisión de competencias negativa que al no prosperar, lo llevó a invocar un conflicto de reparto.

En su aparente e insistente negativa para procesar al General, el juez Jaimes estaba reconociendo su cercanía emocional con él. Y sería tan fiel a ese sentimiento invisible, que lo único que le faltó en su fallo de absolución fue rubricarlo con una medalla a la inocencia. En otras palabras, el Juez se arrodilló ante el General; la Justicia mal representada en él se autodespojó de su majestuosidad y servilmente se inclinó ante la imponente realeza del militar procesado.

Al absolver al General Uscátegui, el juez perdió lo que todo juzgador debe conservar: su objetividad y su ética jurídica. Con razón Publio Siro decía que "la absolución del culpable es la condena del juez".

Pero ese primer fallo de noviembre de 2007 fue una ilusión pasajera, porque dos años después, en noviembre de 2009, en segunda instancia, durante la apelación, el Tribunal Superior lo revocó.

La responsabilidad del General tenía el resplandor y era del tamaño de una luna llena en una noche oscura, pero el único que no vio esa realidad fue el juez Jaimes Villamizar.

La condena de 40 años que me impuso el Juez Noveno Penal del Circuito Especializado de Bogotá no refleja la realidad de mi actuación frente a los hechos que lamentablemente ocasionaron la masacre en Mapiripán.

Sin embargo, para poder absolver y limpiar al General Uscátegui, el juez propuso una multitesis fantástica[90]:

- Afirmó, deshonrando mi nombre, que yo estaba aliado con los criminales y que había coordinado la llegada de los grupos de autodefensas al Guaviare. Sin serlo, me etiquetó como paramilitar y también como asesino. **No existe una sola prueba que me comprometa con apoyo al paramilitarismo en el extenso expediente de esta investigación, pero el juez no tuvo ningún problema en asumir que sí la tenía.**

- Desestimó que el Coronel Rodríguez Portela, ex Comandante de la Brigada Móvil Dos me hubiera alertado del inminente ataque a Calamar el día lunes 14 de julio de 1997.

---

[90] Corresponde a la decisión de primera instancia del Juzgado Noveno Penal del Circuito Especializado de Bogotá, D.C., fechada el 28 de noviembre 2007.

- Aseveró que la información de los 500–700 guerrilleros[91] acechando a Calamar era falsa y que sólo existió en mi imaginación, ignorando de plano la declaración dada por el Mayor García Narváez en ese sentido.

- Dijo que la compañía de reserva al mando del centurión Melo fue desviada hacia Calamar a propósito, para favorecer la masacre en Mapiripán.

- Con asombroso rencor en sus conceptos, expresó que yo sabía de presencia paramilitar en Mapiripán temprano en la mañana del 15 de julio de 1997.

- Rechazó de plano que mi primer conocimiento de esa presencia paramilitar la hubiera conocido por boca del juez, en la tarde de ese mismo día.

- Para completar este panorama, desestimó todos los testimonios de otros militares que se oponían a los argumentos defensivos del General Uscátegui.

- Rechazó e ignoró la veracidad y contundencia del Oficio N.º 2919. El juez manifestó que yo había engañado y asaltado la buena fe[92] del General, puntualizando que el Oficio N.º 2919 era una coartada perfecta, una artimaña, un acertijo, un jeroglífico.

- Puso en duda el concepto de jurisdicción y del mando operacional que la Brigada 7 tenía tanto sobre el Batallón París como sobre

---

[91] Tal como figura en la Sentencia Consejo de Guerra, págs. 25–26. Bogotá, 12 de febrero de 2001. Versión disciplinaria y testimonio Mayor García Narváez (folios 182 C4 / 17 a–4 / 12 a–11 / 548 c–21). Declaración Mayor García Narváez ante Juzgado Segundo Penal Bogotá. Proceso 104–A–2, martes 19 de marzo de 2002, pág. 9.

[92] Lo cual se puede corroborar en la Decisión de primera instancia del Juzgado Noveno Penal del Circuito Especializado de Bogotá, D.C., con fecha 28 de noviembre de 2007.

Mapiripán y, en consecuencia, aplicando el concepto de duda razonable, encontró la excusa ideal para indultar al General.

- Señaló que las muertes no fueron el 20 de julio de 1997, sino del 16 al 19 del mismo mes, y que el juez me lo decía cada día, pero yo me deleitaba con su dolor e ignoraba esa petición de auxilio.

- Apoyó los argumentos de la defensa del General Uscátegui, ignorando las acusaciones centrales de la Fiscalía, la Procuraduría y la parte civil.

- El Juez además consideró que la presión del General Uscátegui sobre el Coronel Orozco nunca existió.

Este juez no dictó una sentencia por los hechos investigados, al contrario, le hizo una magistral defensa al principal investigado. Dos factores extra contribuyeron a reforzar mi supuesto grado de responsabilidad: estar refugiado en los Estados Unidos por haber recibido amenazas de muerte creíbles y ser reo ausente. En consecuencia, mi evidencia, testimonio, mis recuerdos, los hechos que declaré ante los diferentes investigadores, todo, todo fue ignorado, mi realidad se evaporó, se esfumó, mi verdad fue totalmente desechada por el juez en su afán de hacerle justicia al General.

Todos los sujetos procesales diferentes al juez Jaimes Villamizar consideraron que la sentencia absolutoria no correspondía a la realidad probatoria que arroja el proceso y obligó a que mi abogado, el Dr. Lauro Muñoz, apelara la mendaz sentencia del equivocado juez.

Entonces, el 25 de noviembre de 2009, la Sala Penal del Tribunal Superior de Bogotá resolvió la apelación.

Todas las negativas y difamatorias afirmaciones hechas por el juez Jaimes Villamizar en mi contra fueron confirmadas jurídicamente por el alto tribunal. El General Uscátegui, quien había sido absuelto, fue detenido nuevamente, toda vez que el argumento sobre la duda razonable, planteado por su abogado y respaldado por el juez Jaimes Villamizar, no tenía asidero jurídico.

Dos años más tarde, en noviembre de 2011, la Corte Suprema de Justicia confirmó nuestras sentencias.

La Fiscalía colombiana investigó mi actuación desde 1997 y en marzo de 1999 tomó su primera decisión: mantenerme vinculado al proceso sin necesidad de ordenar mi detención. Dos meses después, el turno fue para el General Uscátegui: sus explicaciones no fueron suficientes ni convincentes y por lo tanto fue ordenada su detención el día 21 de mayo de 1999 (mientras estaba en esta condición fue cuando conoció al juez Jaimes Villamizar).

En 1999 la Fiscalía no encontró en mi comportamiento ningún indicio grave que ameritara mi detención. Y mantuvo esa misma línea por 4 años. Esta fue la primera victoria simbólica que me concedió el ente investigador. Aquel fiscal regional, popularmente conocido como Juez sin rostro, mostró sentido de humanidad, ecuanimidad e imparcialidad. Sin mostrar su rostro conocí su corazón, exploré sus profundos sentimientos y percibí equilibrio, neutralidad, justicia y sensatez en su decisión. Esos mismos indicios eran gravísimos en el General, y por eso la noticia de su primera detención le dio la vuelta al mundo en menos de 80 días.

Luego vino la Justicia Penal Militar en el año 2000, que tutelando la arrogancia del generalato colombiano de esa época —no la de ahora— fue incapaz de procesar a uno de los suyos sin señalarme a mí. Ese Tribunal Militar me encontró responsable por haberme atrevido a acusar a un General y por no haberle insistido a ese superior para lograr el envío de tropas a Mapiripán.

En el año 2001, el Colectivo de Abogados logró, mediante tutela[93] preparada por el defensor Luis Guillermo Pérez Casas, que la Corte Constitucional anulara todo lo actuado por la Justicia Penal Militar.

El caso fue reiniciado en la justicia ordinaria en junio de 2002. La Fiscalía General nombró al fiscal Leonardo Cabana Fonseca para que volviera a instruir y calificar el proceso teniendo como referencia las actuaciones e investigaciones de los años anteriores.

El fiscal Cabana Fonseca era un hombre de mediana estatura, bastante delgado, de piel blanca, escasa barba, en su semblante había una mirada honesta, en su pausada y serena voz se podía percibir el gran sentido de humanidad y de justicia que animaba sus intenciones, pero su naturaleza denotaba que no era vertical en sus conclusiones jurídicas, es decir, que no era capaz de respaldar sus propias decisiones.

El 10 de marzo de 2003, el fiscal Cabana Fonseca envió de nuevo a prisión al General Uscátegui como presunto responsable de omisión en sus funciones; en la resolución el fiscal Cabana dio altísimas muestras de convicción penal: me acusó solamente de falsedad en documento público y no ordenó mi detención.

Pero el 30 de julio de 2003, mi caso, que hasta ese momento había sido instruido con una impecable pureza jurídica, se contaminó de una decisión política: el Fiscal Delegado ante el Tribunal Superior de Bogotá, Pablo Carlosama Mora, revocó la preclusión de investigación proferida a mi favor y en su lugar ordenó mi detención preventiva.

Este nuevo y advenedizo fiscal —el tercero— quien nunca había instruido ni investigado el caso, tomó una decisión de fondo: agravó mi situación en contra de lo que decían las pruebas y evidencias hasta ese día recolectadas por los dos primeros fiscales.

---

[93] Corte Constitucional. Sentencia N.° SU–1184/2001. Referencia: Expediente: T–282730. Peticionario: Nory Giraldo de Jaramillo / CCAJAR. Magistrado Sustanciador: Eduardo Montealegre Lynett. Bogotá, D.C., noviembre trece (13) de dos mil uno (2001).

¿What?... ¿What? ... Fue lo único que con asombro dijo el Zar Nicholas II, instantes antes de ser ejecutado por sus verdugos aquella madrugada del 17 julio de 1918, que irónicamente coincide, 79 años después, con el mismo mes y día en que las autodefensas de Carlos Castaño se tomaron la población de Mapiripán.

Cuando supe que el Fiscal delegado Pablo Carlosama Mora había agravado mi condición, estaba refugiado en Estados Unidos y dije: ... ¿Qué...?

Los dos fiscales que inicialmente instruyeron el proceso por más de cuatro años y conocían a fondo mi proceder, nunca creyeron que mi conducta ameritara privación de libertad, porque ellos consideraban que la omisión era del General Uscátegui, nunca mía. Cuatro años de juiciosa evaluación les otorgó esa convicción, que desde mi refugio valoro y agradezco.

Pero cuando esa decisión llegó a las manos del tercer fiscal, Pablo Carlosama, este, de manera inesperada en sólo 4 meses de lectura, varió mi situación y sin tener profundidad ni certeza jurídica del caso, sin dominar la valoración de las pruebas y de cada testimonio, sobre todo sin haberme conocido y sin haberme visto o escuchado, agravó tendenciosamente mi situación. Los dos primeros fiscales casi que me absolvieron en el proceso investigativo. En cambio, el fiscal Carlosama me condenó en el papel.

Y estos nuevos cargos fueron el resultado de una decisión política y no jurídica, **porque no existía nueva información que agravara mi situación** y ésta se dio cuando yo ya estaba refugiado y viviendo en Miami, Estados Unidos.

Y en el borde de este abismo jurídico, es inevitable que uno se pregunte: ¿cómo es posible que hubiera prevalecido la conclusión de 4 meses del fiscal Carlosama y no la decisión del fiscal Cabana, respaldada en más de 4 años de investigaciones? En ese momento, el Fiscal General de la Nación era Luis Camilo Osorio, investigado en la actualidad por presunto favorecimiento a grupos paramilitares mientras estuvo a cargo de la Fiscalia.

Lo triste de este episodio es que cuando el juicio comenzó en 2005, el fiscal Cabana, cuya conciencia no había encontrado en mi proceder delito grave, apareció señalándome de infractor, tal cual como lo había planteado el fiscal delegado Pablo Carlosama.

¿Subordinación?, ¿sumisión silenciosa?, ¿política?

¿What?... ¿What? Digo hoy, imaginando la cara de asombro que habrá puesto el autócrata Romanov en 1918 y de cuyo triste final me compadezco, al igual que lo hago por cada víctima que murió en Mapiripán en 1997 y por cada persona inocente, que como yo, tiene el infortunio de caer en las manos de fiscales, jueces, tribunales y cortes que no son suficientemente neutrales e imparciales.

Además, cuando se comparan las decisiones que sobre el caso Mapiripán tomaron la Fiscalía y la Procuraduría General de la Nación, no deja uno de sentirse perplejo por los resultados. Los castigos deberían guardar cierta correlación.

La Procuraduría sancionó al General con separación absoluta de las Fuerzas Militares, y la Justicia Ordinaria con 37 años de prisión: esos dos fallos guardan correspondencia sancionatoria. Por mi parte, la Procuraduría me sancionó con una represión severa y la justicia ordinaria con 38 años y 8 meses de prisión.

Al final del proceso jurídico, la Corte Suprema de Justicia decidió que la pena del General sería inferior a la mía en un año y ocho meses, teniendo él mayor responsabilidad, mayor dignidad militar por su alto rango, mejor formación profesional y más experiencia que yo.

Por eso nunca es exagerado decir que el sistema judicial en el estado de derecho colombiano es disfuncional, tanto, que cuando inició la audiencia pública contra nosotros, 11 de mayo de 2004 —me encontraba en Estados Unidos— pedí al juez Tercero Penal de Villavicencio, a través de mi abogado, asistir virtualmente al juicio mediante teleconferencia, pero esta petición fue rechazada de forma categórica. Luego grabé desde mi lugar de refugio 5 casetes, para presentarlos como mis alegatos finales, pero el Juez Noveno de Bogotá no autorizó su presentación, el juez me negó el derecho a intervenir y a defenderme participando con mi voz. La cinta falsa grabada por el mayor Maldonado y presentada por el General Uscátegui sí fue escuchada por el Juez; en cambio, mi audio verdadero nunca fue una de sus prioridades.

Mi interés por participar con un testimonio directo y natural en esas audiencias fue ignorado por los jueces con la misma indiferencia con que los Generales trataron el Oficio N.° 2919 en 1997. Estas mínimas garantías constitucionales de defensa y al debido proceso nunca fueron aprobadas a mi favor.

MIAMI POR CÁRCEL

2003

"El Señor es mi luz y mi salvación; ¿de quién temeré? El Señor
es la fortaleza de mi vida; ¿de quién he de atemorizarme?
Cuando se juntaron contra mí los malignos, mis angustiadores y
mis enemigos, para comer mis carnes, ellos tropezaron y cayeron.
Aunque un Ejército acampe contra mí, no temerá mi corazón;
aunque contra mí se levante guerra yo estaré confiado".

Salmo 27:1–3

En junio de 2002, la Fiscalía anuló todo lo actuado en el Consejo Verbal de Guerra[94]. Esta importante decisión despejó los obstáculos que tenía para salir de Colombia, la ventana se abría una vez más. Mi viaje a Vancouver había quedado liquidado por la decisión del Tribunal Superior Militar en octubre de 2001, pero ahora podía intentarlo hacia Estados Unidos.

Cuando visitaba el piso 14 de la Embajada de Canadá en su nueva sede, me entusiasmaba observando el magnífico escudo de armas de ese país, hecho en estaño y cuyo gran tamaño ocupaba la mitad de la pared derecha, justo antes de entrar a las oficinas de atención al público. Fue en una de las varias visitas que hice a esa delegación diplomática que leí en una revista sobre la existencia de la Organización Internacional para las Migraciones OIM.

---

[94] A través de la Resolución del 28 de junio de 2002 mediante la cual el Fiscal Especializado decretó la nulidad de las decisiones adoptadas por la Justicia Penal Militar por ausencia de competencia.

Desde 1999 tenía claro que si me quedaba en Colombia tendría demasiados problemas para llevar una vida normal; por lo tanto, sabía que era necesario y forzoso salir de mi país con destino a otra nación que no me juzgara por hechos que jamás había propiciado y que me diera la oportunidad de disfrutar a mis tres pequeños hijos.

Fue así como establecí contacto con la OIM temprano en el segundo semestre de 2002, el proceso con ellos era increíblemente rápido, así que decidí esperar. Quería estar seguro de que no existieran impedimentos ni prohibiciones vigentes que bloquearan mi salida. Visité el DAS y obtuve mi pasado judicial: no registraba ningún antecedente penal, esa era buena señal; pedí una constancia a la Fiscalía en la cual se certificara que podía salir del país: recibí respuesta positiva el 25 de septiembre de 2002 en los siguientes términos: "… En la actualidad no tiene restricción en cuanto a su libertad[95] personal".

La poca confianza que aún tenía en el sistema de justicia, representado por la Fiscalía, me hizo esperar, quería ponerle la cara a la investigación. Confiaba plenamente en el gran sentido de justicia y de humanidad del fiscal asignado a este caso, el Dr. Leonardo Cabana Fonseca.

El tiempo pasó y diciembre llegó. Celebré Navidad con toda la familia y por última vez abracé a mi dulce abuelita, mamá Marina (q.e.p.d.), quien tristemente murió el 26 de diciembre de 2011, justo cuando tenía escrita la mitad de este libro.

Mis hermanos y mis padres me animaban a iniciar mi peregrinaje hacia Estados Unidos. Yo tenía la convicción, pero me faltaba definir la razón exacta, hasta que una llamada inesperada de una periodista del canal de noticias RCN (de quien no revelaré su verdadero nombre) me aclaró el panorama, esa razón era la consolidación de la libertad:

—Coronel, buenas tardes, habla Daniela.

---

[95]   Con esas palabras lo afirma la Fiscalía General–Unidad Nacional de Derechos Humanos–Constancia del Despacho. Bogotá 20 de septiembre de 2001. Fiscal Especializado Leonardo Cabana Fonseca.

—Hola Daniela, ¿en qué te puedo servir?

—Coronel... acabo de salir de la Fiscalía General y estoy informada con respecto a que el señor Fiscal va a pronunciarse sobre su caso la próxima semana... —Me quedé callado escuchando su comentario...

—Coronel..., quisiera que cuando ese comunicado de la Fiscalía sea difundido, usted me dé la exclusividad de una entrevista.

—¡Con mucho gusto Daniela, cuente con eso!

—Gracias Coronel, hasta luego.

Tuve la corazonada de que si me quedaba a escuchar esa noticia del Fiscal General de la Nación, tendría problemas para salir del país. Además, en cualquier otro lugar del mundo también la podría oír sin preocuparme. No lo pensé más. El fiscal Cabana había certificado que no existía ningún impedimento.

Un día después de la llamada de la periodista de RCN, me reuní con los representantes de la OIM el miércoles 22 y el jueves 23 de enero de 2003. El viernes 24 pedí todos los tiquetes aéreos al Ministerio del Interior. El Gobierno Nacional los entregó puntualmente.

El sábado 25 de enero a las 8 p.m. estaba en el Aeropuerto Internacional El Dorado, un reducido grupo de familiares me acompañaba.

Me registré en la aerolínea Continental y en ese momento dio la casualidad que pasó por mi lado el ahora retirado Coronel César Mikan, mi antiguo Comandante en la Brigada de Tunja y quien a su vez tenía cercanía con el General Uscátegui. Con un breve saludo nos dijimos hola y adiós.

Mi equipaje de mano era mi computador portátil, un ajedrez electrónico, dos reguladores de buceo en maletines verdes que llevaba cruzados en el pecho y una maleta pequeña. A las 9:12:52 p.m. el DAS estampó mi pasaporte. Abordé el avión, me senté en una silla que estaba al lado del ala izquierda, el avión empezó a carretear yo empecé a sentir una impresionante nostalgia, tristeza y pesar, no quería irme, pero las circunstancias me obligaban. Los hechos de Mapiripán no me sacaban del país, la persecución del General me expulsaba de Colombia. Triste pero cierto, él había cometido el peor error y yo lo estaba pagando con el ostracismo.

Cuando la potencia de los motores hizo que la nave se despegara del suelo, sentí dolor de saber que ese había sido el último día de mi vida en Colombia…, lloré desconsoladamente en silencio, las lágrimas rodaban por mi rostro…, con ansiedad miraba las luces que esa noche alumbraban la ciudad, porque sabía que nunca jamás las volvería a ver. Tres años antes había sufrido amargamente por la muerte de mi hermano Andrés (q.e.p.d.), esa tarde había sollozado al despedirme de toda la familia… pero en el avión lloré con mayor intensidad y dolor, porque cuando la violencia y la intolerancia lo obligan a uno a dejar el terruño, se descubre con agonía e impotencia que el amor al país es superior a todos los demás sentimientos. La nostalgia se había manifestado por anticipado.

Ese viaje era necesario para salvar mi vida, para ponerle distancia a la obsesión del General Uscátegui y para compensar el débil sistema judicial colombiano, porque para entonces ya sabía que si me quedaba en Colombia, mi destino sería una tumba o una cárcel. Ya había pagado suficiente sin haber hecho algo para merecer esas condenas. Dios quiso alertarme por boca de la periodista.

El avión aterrizó en el Aeropuerto Mariscal Sucre a las 11:02 p.m. Esa noche me alojé en el Howard Johnson Hotel La Carolina, ubicado en Alemania E5–103 y Avenida República, en Quito. Una semana después, en el mismo aeropuerto, recibí con rosas rojas a mi esposa Olga y a mis tres hijos, la familia había aumentado con la llegada de mi hija Daniela, quien días después cumpliría cuatro meses de nacida y ya ostentaba el título de refugiada. Arrendé un modesto apartamento, el 102 ubicado en Madrid y Lugo 813. En ese lugar vivimos un mes. Me dediqué a ejercitarme físicamente en las tardes y también al diseño virtual de heráldica militar utilizando un programa tridimensional llamado Rhinoceros. Conocimos la ciudad y sus alrededores, gozamos una temporada de calma y por fin tuvimos la oportunidad de ponerle distancia al oscuro resentimiento del General Uscátegui.

Todos los funcionarios de la OIM eran hombres de origen europeo que hablaban perfecto español, ellos se encargaron de nuestro caso migratorio y gracias a su profesional y solidario desempeño, fuimos autorizados para ingresar a los Estados Unidos mediante una visa especial de fecha 5 de febrero de 2003: *Notice of Eligibility for Resettlement*. En cuanto a Quito y sus ciudadanos, fueron muy amables y hospitalarios con nosotros.

Dos meses después de llegar a Ecuador, el 3 de marzo, abordamos el primer vuelo de American Airlanes y ese día aterrizamos en Miami. Han pasado 9 años desde entonces y ahora vivimos en los Estados Unidos de América: Imperio de la Libertad, soporte del débil, justiciero del inocente. Mi esposa y mis hijos se hicieron ciudadanos a los cinco años de residencia. Trabajando comprendí la compleja y sorprendente naturaleza de la cultura estadounidense, he conocido personas fantásticas, sensitivas y maravillosas a quienes admiro y quiero por la confianza que me han brindado. Nuestros amigos no son muchos pero todos son de grandes calidades espirituales y personales, con ellos hemos estabilizado los sentimientos de nostalgia y patriotismo. Pertenezco a un grupo de tenistas conformado por personas amables que tienen familias hermosas, todos son jugadores habilidosos y esa actividad liderada por nuestro entrenador Félix me ayuda a mantener una buena forma física y mental. Uno no necesita mucho para ser feliz, pero el requisito mínimo es la ausencia de sombríos remordimientos que acosen nuestra conciencia.

OFICIO N.º 2919
LA CONTUNDENCIA DE LA VERDAD

San José del Guaviare, 15 de julio de 1997

"El que no tiene tiempo para dolerse,
no tiene tiempo para enmendarse".

Henry Taylor.

L o visible no puede ser invisible y siempre será además invencible. Lo evidente se caracteriza por la fortaleza. La verdad puede ser desmantelada pero nunca aniquilada. El factor dominante en este caso Mapiripán ha sido el Oficio N.º 2919 que se transcribe a continuación. Este documento ha sido el pivote de mi verdad y la evidencia que desnudó la inexplicable omisión del General Uscátegui.

Es necesario aclararle al lector que cuando lo lea, procure imaginar que usted es el General Uscátegui, uno de los mejores oficiales del Ejército de todos los tiempos; también debe considerar que está comandando la Séptima Brigada, en Villavicencio, una región muy difícil por la diversidad de problemas que impone la presencia criminal de la guerrilla de las Farc, el narcotráfico, el paramilitarismo y otros generadores de violencia. Finalmente, considere que está leyendo ese reporte el miércoles 16 de julio de 1997. Cuando termine de ojearlo, pregúntese qué haría usted si estuviera en ese lugar liderando ingentes recursos humanos, materiales, y ostentando poder real.

La contundencia de este documento es tan innegable, que sirvió de base para que el Tribunal Superior de Bogotá revocara la libertad otorgada por el Juez Villamizar al General Uscátegui en 2007 y ordenara su nueva detención en 2009, Irónicamente -excepto por la Fiscalía-, ningún Juez Civil me otorgó merito alguno por haberlo escrito.

FUERZAS MILITARES DE COLOMBIA
EJÉRCITO NACIONAL

San José del Guaviare, Julio 15 de 1997

N° 2919 /IVDIV–BR7–BIPAR– S2 – 256

ASUNTO   :   Informe Inmediato de Orden Público

AL   :   Señor Brigadier General.
                COMANDANTE SÉPTIMA BRIGADA
                Villavicencio.

Con toda atención me permito dar respuesta al señor Brigadier General Comandante de la Séptima Brigada, de su oficio N.° 4222 de fecha Julio 14 de 1997, en el cual ordena enviar las coordinaciones y accionas tomadas por esta Unidad Táctica relacionadas con el presunto JUICIO POPULAR realizado por sujetos armados quienes humillaron a las autoridades y pobladores de la Localidad de Mapiripán (Meta).

A través de un informante personal que tengo en esta población, hablé hoy martes 15–14.30 de julio con el señor Juez de Mapiripán Dr. LEONARDO IVÁN CORTÉS NOVOA, CC # 17.328.252 de Villavicencio natural de Villavicencio, Abogado, 33 años–de edad, casado, residente desde hace un año en Mapiripán con su familia, quien gentilmente atendió la llamada que hice y el cual me manifestó lo siguiente.

1. El juicio Popular fue un hecho, realizado para evaluar el comportamiento de las diferentes autoridades civiles de esa población llanera. La guerrilla al interrogar a la población civil por el comportamiento del Juez, lo absolvió debido al comportamiento ejemplar que este ha demostrado como funcionario.

2. Da la casualidad de que cada vez que una fuerza insurgente se presenta en ese municipio, ni el alcalde Sr. JAIME CALDERÓN (Conservador) ni el personero Sr. CÉSAR AUGUSTO LEÓN (Partido desconocido) están presentes, este último lleva tres meses fuera de la ciudad incapacitado. No es lógico que justo en los momentos más difíciles la primera autoridad civil esté ausente.

3. Manifiesta el señor Juez, que hoy a las seis de la mañana golpearon estrepitosamente la puerta de su vivienda y hombres armados entraron a su casa requisándola, le quitaron la llave de su oficina y le ordenaron que no fuera a trabajar hoy.

4. Según lo dicho por el Juez, hay presencia actual de unos 60 hombres, armados con fusiles AK – 47 y fusiles FALL, tienen acento costeño y paisa, concluyo que son Paramilitares venidos de Urabá, CREE EL JUEZ QUE FIDEL CASTAÑO ESTÁ PRESENTE EN MAPIRIPÁN, AUNQUE ME DIJO TEXTUALMENTE "CREO QUE CASTAÑO ESTÁ AQUÍ, CARLOS CASTAÑO" Ello debido a que en la requisa de su casa algún sujeto se estaba propasando y este señor intervino, allí creyó reconocerlo.

5. Duermen en las afueras de las casas de Mapiripán, esta mañana llegó una avioneta e hicieron desembarcar a sus cinco ocupantes, algunas informaciones dicen que tres fueron asesinados, pero el Juez me confirmó que hasta ahora no ha sucedido ningún hecho lamentable.

6. Los Paramilitares al parecer llevan una semana en ese Sector, aparecieron en el sitio las CHARRAS (Guaviare, al sur oriente de Mapiripán, a 20' en lancha) sitio desde el cual suspendieron totalmente el tráfico fluvial por un lapso de cuatro días, hoy subieron a Mapiripán a efectuar un control en esa localidad y a dejar incomunicada a la población, motivo por el que ordenaron que nadie trabajaría.

7. La posición de las FARC en Mapiripán es la de no matar a nadie indicó el Juez, la razón creo yo, es que la población está siendo empleada como una de sus áreas base para recuperación, abastecimiento, etc.

8. Tienen los Paramilitares a un señor apodado CATUMARE, dueño de una residencia y juego de billar, a quien lo acusan de auxiliador de la guerrilla, al respecto indica el juez, que el viejito de 65 años es fundador de esa población y que no cree tal afirmación, hoy estuvo abogando por él para evitar que lo maten, considero yo que si los paras han venido desde tan lejos, no ha sido precisamente para deleitarse con el paisaje de la región, pronostico en los próximos días una serie de matanzas y asesinatos entre algunos pobladores de la antes mencionada ciudad. Alguna RAZÓN especial los condujo a la Jurisdicción de la Séptima Brigada. No comparto ni justifico, la actividad adelantada por los Paramilitares, esta organización

me abordó hace unos cuatro meses y uno de sus miembros me manifestó que estaban interesados en hacer una limpieza en TOMACHIPÁN. Me pidió apoyo y presencia de tropas para legalizar a los muertos. Lo que no concuerda con el acento costeño, es que quien me abordó dijo que pertenecía al grupo de VÍCTOR CARRANZA. En esta oportunidad nadie se ha comunicado conmigo, asumo que debido a que vienen de otra región, pues a los que me insinuaron ese acto de ilegalidad les manifesté que no contaran conmigo para nada. Mi posición es nítida y radical al respecto, primero lo Constitucional, lo legal.

9. Me permito recomendar a mi General, aprovechando lo manifestado, que con los medios humanos y materiales de la Brigada Móvil 2 (3 Batallones en Barrancón y 3 Helicópteros, no hay artillado) se adelante una operación rápida y sorpresiva sobre Mapiripán, allí se podría incluir a la Policía Antinarcóticos, desafortunadamente las pirañas de la Infantería de Marina están fuera de servicio, sus motores están en mantenimiento.

10. El señor Juez no cree oportuno el desarrollo de Operaciones militares en esa localidad por las represalias que se podrían derivar cuando la tropa desaloje el sector, pero como sea que la presencia de la autoridad ha sido escasa y la de la guerrilla constante, considero que se podría explotar la presente información, máxime que ahora aparece en el escenario otro factor perturbador del orden Público.

Atentamente,

Mayor HERNÁN OROZCO CASTRO
Comandante Batallón N.º 19 JOAQUÍN PARÍS (e)

La página anterior ha sido intencionalmente dejada en blanco, porque ese vacío simboliza la respuesta que el General Uscátegui le dio a mi reporte:

¡NINGUNA!

El General **NUNCA** dijo nada.
El General **JAMÁS** preguntó algo.
El General **NO** llamó para aclarar sus dudas.
En general… el General **IGNORÓ** el contenido de esa alerta.

Su acción de Comando en este caso específico fue **NULA** y por consiguiente la masacre se consumó. ¿Debo considerarme responsable por la pasividad del hombre en quien deposité toda mi confianza militar? Si el General Uscátegui hubiera cumplido oportunamente con su deber de actuar cuando recibió el Oficio N.º 2919, los primeros en apoyarlo pública, decidida y abiertamente deberían ser todos los coroneles que en 1997 integraban su Estado Mayor. Y ellos serían los primeros en desmentirme a mí. Esos asesores militares han mantenido un perfil silencioso, el que corresponde, porque ninguno puede salir a respaldar las mentiras ni la omisión de su antiguo comandante.

Para intentar justificar su inexplicable apatía, el General ha dicho que el Oficio N.º 2919 era una leguleyada, una piñata, un reporte confuso; el Juez Jaimes Villamizar lo patrocinó agregando que ese oficio era una coartada, un jeroglífico, un acertijo.

La realidad es otra y se resume en las siguientes palabras:

"… A juicio del Tribunal, el informe 2919 que se elaboró en esos días sobre Mapiripán (con la información aportada por el juez Novoa), es claro y explícito y "es veraz en la casi totalidad de hechos relevante de la toma y actuación paramilitar de la inerme población", por lo que no se explica la pasividad[96] del General para actuar en ese momento".

"Está demostrada de esta manera…la manifiesta negligencia[97] para adoptar las decisiones de Comando y de cumplir con celo el cumplimiento de sus deberes y no brindar apoyo a un subalterno."

¿Qué más dijo el Tribunal Superior sobre el Oficio N.º 2919? A diferencia del Juez Jaimes Villamizar, sí lo consideró veraz y suficiente para evitar la masacre:

"En ese documento la gravedad de los insucesos es elocuente en toda su dimensión y por consiguiente insoslayable".

"Y, el peligro que se cernía era tan evidente que el mismo Orozco Castro se atrevió a predecir en el punto 8 las muertes y actos terroristas que se iban a cometer".

"Por ello, genera perplejidad que en la sentencia apelada se diga que Orozco ocultó la gravedad de los hechos para alimentar la tesis de que se mintió y engañó a Uscátegui"[98].

Más claro, imposible.

---

[96] Así figura en la Decisión de segunda instancia de la Sala Penal del Tribunal Superior de Bogotá, fechada el 25 de noviembre de 2009.

[97] Estas palabras se encuentran en la página 51, párrafo 2 del Fallo de única instancia emitido por el Viceprocurador General de la Nación, Bogotá, 24 de abril de 2001. Investigación número 1–24269/99.

[98] Lo corrobora la Decisión de segunda instancia de la Sala Penal del Tribunal Superior de Bogotá, con fecha del 25 de noviembre de 2009.

RETROSPECTIVA

Miami, 26 enero de 2012

"Las lágrimas más amargas que se derramarán sobre nuestra tumba
serán las de las palabras no dichas
y las de las obras inacabadas".

Harriet Beecher Stowe[99]

¿Qué debí haber mejorado entre el 15 y el 19 de julio de 1997?

Definitivamente olvidé recabar e insistir a la Séptima Brigada en forma diaria sobre la presencia paramilitar en Mapiripán.

¿Qué hubiera logrado con ello? En el peor de los casos, acentuar la indiferencia y la responsabilidad del General y de su Estado Mayor; en el mejor de los casos, forzar a la Séptima Brigada a coordinar con la Cuarta División del General Ardila para movilizar la Brigada Móvil 2.

Si hubiera insistido más, quizá la Séptima Brigada del General Uscátegui se habría obligado a aceptar la recomendación que había planteado en el oficio 2919.

¿Por qué no le insistí al General? La principal razón está en 15 años de trabajo militar, durante los cuales nunca viví la necesidad de tener que recordarle a mis superiores lo que tenían que hacer; otra razón fue el alto grado de confiabilidad que inspiraba el General Uscátegui en su condición de Comandante de Brigada, su reputación y buen nombre

---

[99] (1811–1896) filántropa y escritora estadounidense.

eran un cheque al portador, y la última razón radicaba en el elevado nivel de preocupación que me había causado el inminente ataque a Calamar.

También pude haber enviado copia del Oficio N.º 2919 a la Brigada Móvil 2, cuyo Comandante encargado era el Coronel Lino Sánchez Prado. Para ser sincero conmigo mismo, el Coronel (q.e.p.d.) me inspiraba demasiada desconfianza... y no estaba equivocado en mi corazonada, porque las investigaciones penales demostraron que él resultó ser el nervio central que facilitó la llegada de los paramilitares al Guaviare. Una copia de ese reporte en manos del Coronel Sánchez hubiera significado una condena de muerte para mí y para el Juez de Mapiripán, porque en ese documento yo lo identificaba a él –juez- como la persona que había suministrado toda la información de la presencia paramilitar.

Una alternativa que nunca consideré fue la de haber convocado a un Consejo de Seguridad con todas las autoridades civiles, militares y policiales del Guaviare. La verdad, esta idea jamás me pasó por la imaginación; en ese año, esa posibilidad era inexistente para mí y la escribo ahora solamente porque el General Uscátegui, en una de sus declaraciones, manifestó que eso fue algo que yo pude haber hecho en esa semana. Esa apreciación es correcta cuando la solución que se va a sugerir está en las autoridades locales.

¿Qué hubiera dicho yo en esa reunión ante la presencia del Gobernador y del Comandante de la Policía?

—Señores, en este momento tengo confirmación de la presencia de un grupo paramilitar en el municipio de Mapiripán.

Dudo mucho que la Policía se hubiera ofrecido a enviar unidades a ese lugar, porque en ese año la tendencia de ellos era la de replegarse a las principales cabeceras municipales.

Pero quizás el Gobernador o el Coronel de la Policía hubieran preguntado:

—¿Qué sugiere hacer, Mayor?

Y yo les habría contestado:

—La finalidad de esta reunión era la de analizar específicamente la situación de orden público en Mapiripán y manifestarles a ustedes que he reportado el hecho al señor Brigadier General Uscátegui, Comandante de la Séptima Brigada.

En mi opinión, ese Consejo de Seguridad no me hubiera resuelto nada porque al momento de haberlo realizado, la posible solución ya estaba en manos del General Uscátegui. Es importante aclarar que el General tampoco convocó a una reunión de ese tipo cuando recibió mi reporte 2919, pero introdujo malintencionadamente ese comentario ante los investigadores para agravar mi actuación.

Tal vez la tarde del 19 de julio de 1997 pude haberle insistido al Comandante de la Cuarta División, Mayor General Ardila Uribe, sobre la urgencia de desplegar tropas sobre Mapiripán. ¿Pero que hubiera logrado yo, insignificante Mayor, si el General estaba permanentemente acompañado por el Teniente Coronel Ávila Beltrán, Comandante del Batallón? ¡Yo no podía usurpar esa posición!

Y asumiendo que me hubiera atrevido a reportarle al General sobre la presencia paramilitar en ese municipio, ¿qué respuesta me hubiera esperado, si cuando le reporté muertos por decapitación demostró indiferencia total?

¿Pude haber pedido el helicóptero de la Brigada Móvil 2 otra vez y montar un pelotón para enviarlo a Mapiripán? Probablemente, pero eso implicaba debilitar mi propio dispositivo, disminuir la seguridad del Cuartel General en donde habitaban todas las familias de los militares, soldados que tenían misiones logístico administrativas y otros reclutas que estaban en plena fase de entrenamiento básico; esta opción no tenía ningún asidero militar debido a que me hubiera dejado expuesto a otras amenazas.

Si regresara en el tiempo enviaría ese Oficio N.º 2919 al General Uscátegui nuevamente y cada día confiaría que él hubiera adoptado las decisiones de mando que en aquella época inexplicablemente no acogió… cualquiera puede entender, que las amenazas y los desastres siempre superaran la capacidad de alistamiento y de anticipación del mejor ser humano; sería grave que nunca se hubiera dado una voz de alerta por mi parte, así que lo poco que se hizo, siempre fue suficiente para haber evitado esa trágica masacre.

CARTA ABIERTA AL GENERAL USCÁTEGUI

Iglesia de San Malaquías, Tamarac,
5 de febrero de 2012

"El malvado anda espiando al justo
y trata siempre de darle muerte.
Pero el Señor no lo deja en sus manos
ni permite que sus jueces lo condenen".

Salmo 37, 32–33

Mi General:

He querido cerrar este libro escribiendo la última parte frente al Santísimo. Me encuentro en una capilla en donde está expuesto permanentemente Nuestro Señor Jesucristo, Hostia Consagrada. Son las 4 a.m. y escogí un lugar sagrado para ratificar toda la verdad del relato humano hecho en los capítulos anteriores. Cuando llegué a la capilla, la puerta estaba cerrada y asegurada. Cinco minutos después llegó una visitante, Winnie, ella abrió este sencillo recinto de oración, que contiene 10 pequeñas bancas y una sobria decoración religiosa, incluyendo un pequeño tabernáculo a la derecha. En el centro está Nuestro Señor Jesucristo. En su santa presencia y con mi alma desnuda, me dirijo a usted.

Lo primero que hago es ofrecer una vez más un Rosario por su conversión. Su corazón es una roca y está dominado de resentimiento hacia las personas equivocadas. Si usted profundizara un poco dentro de sí mismo, encontraría grabado en las paredes de su alma el nombre del único responsable de su situación: Jaime Humberto. Quiero que sepa, mi General, que en familia rezamos el Santo Rosario frecuentemente pidiendo mucho por usted y los suyos. Sentimos su odio y lo perdonamos, sabemos de su obsesión y lo perdonamos. Le he dicho a mis hijos que nunca lo persigan de la manera inmisericorde como su hijo y usted mismo lo hacen conmigo. Sabemos que ese artículo llamado Miami por cárcel y divulgado en la revista *Semana* lleva su sello. Recibí el mensaje que se propuso transmitir. Le quiero responder con tolerancia por continuar acosándome con sus indiscreciones de vigilancia. Le doy mi total perdón por su implacable persecución, inclusive por "exigir" mi extradición. Toda la astucia, iniciativa y resolución que ha desplegado por los medios de comunicación, todo ese entusiasmo mediático era el que se necesitaba para salvar a Mapiripán el 19 de julio de 1997.

Despojados de toda vanidad humana y de toda dignidad militar, es necesario confrontar nuestras conciencias. La suya sabe con certeza que todo cuanto he dicho es cierto y verdadero, porque nosotros vivimos esos momentos... usted siempre fue el determinador. ¿Se acuerda, mi General, cuando me envió aquel fax sugiriendo que cambiara el Oficio N.° 2919 por otro que no lo perjudicara tanto? Espero que tampoco haya olvidado la tarde aquella que visitó mi apartamento en Bogotá para seguir respaldándolo en la coordinación del cambiazo. Esa misma conciencia sabe del caudal de mentiras que usted ha utilizado para minimizar su culpa, encontrar el apoyo de ingenuos y para responsabilizarme de un error que jamás cometí, porque ese error siempre ha sido suyo.

Quiero preguntarle: ¿para qué me persigue? Lo perdono sin conocer esa respuesta.

Pero hay una verdad cuya respuesta usted y yo conocemos: la masacre de Mapiripán se pudo haber evitado si usted tan solo hubiera reaccionado frente a la advertencia que le hice en el Oficio N.° 2919. ¡Su conciencia sabe que en sus manos **sí** estuvo la posibilidad de evitar las tristes muertes de seres humanos en aquella población!

Quiero decirle, mi General, que mi error fue confiar en usted, pero el suyo, asumir una actitud extremadamente pasiva frente al reporte de emergencia que le hice oportunamente.

Mi General..., usted me abandonó militarmente en ese crítico momento, defraudó mis expectativas como subalterno, me dejó solo en medio de semejante problema. En la cultura militar ese es un sagrado compromiso que nunca se puede quebrantar porque se traduce en traición; sin embargo, lo perdono porque sé que su displicencia, su autosuficiencia y su falta de humildad son las equivocadas directrices que tutelan su vida. Hace poco le escuché decir a un sacerdote en su homilía: "La pereza y la lepra espiritual dan paso a la arrogancia y esta no permite que un alma encumbrada conozca los límites de Dios". Esto mismo le sucede a usted, se lo digo con todo respeto.

Su error de dirección me ha causado muchísimo daño y desolación, por todo ese perjuicio también lo perdono. Nunca olvide, mi General, que la conciencia es una voz de mando que no se escucha, que no hay religión más elevada que la verdad y que la devoción a la mentira debilita todos los cimientos de honorabilidad en una persona.

Yo nunca he creído que usted sea un violador de los derechos humanos, menos un criminal, simplemente considero que cometió un error, un descuido, al ignorar la seria advertencia de peligro que le hice con el Oficio N.º 2919.

Hay una respuesta que el país y el mundo entero quisiera conocer de su boca, sin desbordarse en más excusas, mi General: ¿qué motivó su descuido?, ¿por qué no movió un solo dedo cuando le pronostiqué la masacre que efectivamente ocurrió en ese municipio?, ¿por qué?

EPÍLOGO

Durante nuestras conversaciones entre el 15 y el 19 de julio de 1997, el juez Cortés nunca reportó un solo asesinato, sin embargo, cuando dio sus primeras declaraciones ante la Procuraduría y la Fiscalía, manifestó que cada día me llamaba reportando esas terribles muertes. Antes de publicar este libro intercambié varios correos con el juez y le dije que confirmara si en realidad él había visto tantos asesinatos en esa semana y como es natural, de haber sido así, le pedí el favor que me explicara por qué nunca me reportó a mí esos hechos.

Como su respuesta nunca fue concreta ni directa, me decidí nuevamente a leer las declaraciones de todas las autoridades de Mapiripán presentes en ese lugar esa semana, y encontré una certificación firmada por el juez Cortés, en la cual él mismo confirma lo contrario: **LO PEOR SUCEDIÓ EL DOMINGO 20 DE JULIO DE 1997**, ese documento se transcribe a continuación:

JUZGADO PROMISCUO MUNICIPAL
MAPIRIPÁN META

EL SUSCRITO JUEZ PROMISCUO MUNICIPAL DE MAPIRIPÁN META:

CERTIFICA

Que el día 15 de julio de mil novecientos noventa y siete (1997), apareció un grupo armado al margen de la Ley y tomando el control de este Estrado Judicial y las instalaciones de la Alcaldía Municipal de esta localidad, así como todas las comunicaciones del pueblo, además manifestándole a la comunidad que cuidadito con comunicaciones. Así permanecieron en esta actividad los días 15, 16, 17,18 y 19, **el 20 de julio no amanecieron; con resultados de muertes violentas en su desaparición.**

El Alcalde de esta municipalidad, llego el día 16 de julio del año que avanza y yo le manifesté que esto que estaba sucediendo ya lo había informado a la Procuraduría para los derechos humanos, Cruz Roja Internacional y el Tribunal.

Se expide la anterior a solicitud verbal del señor JAIME CALDERÓN MORENO, Alcalde Municipal de Mapiripán, Meta, a los veintinueve (29) días del mes de agosto de mil novecientos noventa y siete (1997) en Mapiripán.

El Juez,

LEONARDO IVÁN CORTÉS NOVOA.

Este documento fue sometido a un examen gramatical profesional. La correctora de estilo y redacción Claudia Lucia Arcila analizó la Superestructura (estructura global), la macroestructura (tema o contenido) y la microestructura (estructura sintáctica) del mismo, para concluir lo siguiente:

> *"Es muy claro, según la semántica de este escrito, que la situación anómala a la que se refiere el señor juez ocurrió desde el 15 de julio de 1997 y que esta se repitió los días 16, 17, 18 y 19; tampoco cabe ninguna duda con respecto a que la muerte de varias personas y la posterior desaparición de hombres ilegalmente armados ocurrió el día 20 de julio del mismo mes y año".*

15 años después de haberse escrito esa certificación, un testimonio coincide con lo afirmado por el Juez de Mapiripán. En el año 2012, La periodista Jineth Bedoya realizó un interesante trabajo multimedia para el periódico El Tiempo. En el video se entrevista al señor Arbey Ríos, habitante de Mapiripán y dueño del Hotel Monserrate, quien dice: *"el terror fue el ultimo día[100]... cuando ellos hicieron lo que hicieron, lo hicieron el sábado en la noche, amanecer el domingo... o sea casi el 19 mas el 20..."*

---

[100]   El Tiempo.com. Multimedia / Mapiripán 15 años después. Domingo 29 de Julio de 2012. Crónicas con Jineth Bedoya. Mapiripán 15 años. Recuperado de http://

Regresando en el tiempo, se puede leer que hace 15 años, en 1997, las declaraciones de las diferentes autoridades de Mapiripán, coinciden con lo dicho por el Señor Ríos en el video grabado en el año 2012:

El alcalde Jaime Calderón declaró que se "decidió a informar[101] el 20 de julio de 1997 tan pronto se vieron los hechos violentos".

Fernando Martínez H. Registrador de ese lugar dijo "que viajó a Villavicencio el 20 de julio de 1997, como uno más de los desplazados de Mapiripán, preso del pánico[102] colectivo por los hechos acaecidos ese mismo día…"

Luis Hernando Prieto C. Inspector de Policía manifestó:

"El último día —Julio 20 de 1997— (sic) el domingo por la mañana volví a salir (…) y encontré comentarios de varios muertos, a lo cual procedí a hacer el levantamiento[103] de los cadáveres…".

"…poco salía a la calle hasta el día 20 de julio que fui avisado por algunas personas… que había cadáveres[104] en la población…".

"Se presentó inundación del río Guaviare opté por ponerme a rescatar personas anegadas (sic) durante el tiempo de esa semana hasta el día 20 de julio cuando aparecieron[105] los muertos y que este personal armado ya se había retirado de la región…"

---

www.citytv.com.co/videos/830098/cronicas-del-conflicto-con-jineth-bedoya-mapiripan-15-anos

[101] Con estas palabras se expresa la Decisión del despacho del Viceprocurador General de la Nación, abril 24 de 2001, pág. 121.

[102] Con estas palabras se expresa la Decisión del despacho del Viceprocurador General de la Nación, abril 24 de 2001, pág. 137.

[103] Con estas palabras se expresa la Decisión del despacho del Viceprocurador General de la Nación, abril 24 de 2001, pág. 142.

[104] Con estas palabras se expresa la Decisión del despacho del Viceprocurador General de la Nación, abril 24 de 2001, pág. 145.

[105] Con estas palabras se expresa la Decisión del despacho del Viceprocurador General de la Nación, abril 24 de 2001, pág. 146.

La primera conclusión de lo anterior es que esas lamentables muertes se sucedieron cuando el Comandante titular del Batallón París, Teniente Coronel Ávila Beltrán, estaba en San José posesionado de su cargo y además avisado por mi propia boca desde el sábado 19 de julio de la posible emergencia. Y esa tragedia sobrevino cuando el superior inmediato del General Uscátegui, Mayor General Ardila Uribe, Comandante de la Cuarta División, estaba también en el mismo Batallón desde la noche anterior. Algo se pudo haber hecho…

Con respecto al Coronel Rodríguez Portela, Comandante de la Brigada Móvil 2, reconoció años después que sí me había alertado sobre la amenaza de Calamar, pero ubicó ese hecho en fecha diferente al día 14 de julio de 1997. Según el Coronel, la advertencia fue varias semanas antes.

En cuanto al entonces Coronel y ahora Mayor General ® Ávila Beltrán, Comandante del Batallón París, negó y continua negando que yo le hubiera reportado los hechos de Mapiripán el sábado 19 de julio de 1997 y además dijo que nunca leyó el reporte 2919 ese día. Este hombre no merece más consideración por su falta de ética y profesionalismo.

Por su parte, Arbey Ríos, administrador del Hotel Monserrate, en Mapiripán, dijo que me había informado presencia paramilitar en esa población desde el primer día por la mañana. La verdad es que hablé con él en 3 oportunidades: la primera en la mañana del 15 de julio para preguntar por el juez; la segunda ese mismo día en la tarde cuando él me pasó al juez; la tercera, pocos días después de la masacre, cuando tropas del Capitán Melo —que de Calamar fueron traídos a ese municipio— trabaron combate en los alrededores de Mapiripán contra guerrilleros del frente 44 de las Farc. El Centurión me reportó temprano en la mañana el ataque y pidió apoyo aéreo. Como yo tenía el teléfono de ese hotel, quise informarme también sobre el estado de la población civil, así que llamé nuevamente a ese lugar y hablé con Arbey Ríos, quien me dijo que escuchaba el estallido de granadas en las calles. Cuando el señor Ríos rindió sus declaraciones ante los investigadores, se asumió que este reporte correspondía a la mañana del 15 de julio de 1997 y no a fecha posterior. A partir de esa declaración, el juez Jaimes Villamizar edificó la absolución del General Uscátegui y proyectó la condena de 40 años que me impuso.

Por último, cuando estaba trabajando en este libro, en una ocasión mi hijo Santiago me preguntó:

—¿Qué estás haciendo, Papi?
—Escribiendo un libro sobre nuestro problema, —le contesté.
—¿Y por qué el General no ha escrito un libro? —preguntó él.
—Yo creo que la única razón reside en el hecho de que su conciencia no lo puede respaldar en ese proyecto. Para narrar esta historia se necesitan dos verdades fundamentales: él debe demostrar qué trámite le dio al Oficio N.º 2919 y después explicar por qué no hizo nada. Esa es su mayor debilidad y un libro con un vacío como ese no se puede escribir.

Uno tiene que reinventarse continuamente para absorber y expulsar el dolor y la frustración que causan la traición, la injusta acusación, la persecución, la obsesión de los enemigos e incluso el pesar que produce el olvido y la indiferencia de los amigos, como sucedió aquella tarde de 2001, cuando detenido, me encontraba cerca de la entrada del BAPOM 13, recibiendo la visita de un amigo, y vi como el Teniente Coronel Rubén Darío Mestizo, compañero de mi promoción y a quien admiraba, caminaba lentamente en uniforme verde llevando en su mano derecha un maletín, e indiferente ante mi situación, se fue del lugar, sin visitarme.

Mi conciencia limpia y el Oficio 2919 que escribí son mi absolución, por eso siempre he dormido tranquilo. En sus rasgos generales, este testimonio ha sido el mismo ofrecido ante la Justicia Colombiana y ante las autoridades de Inmigración de los Estados Unidos: En Colombia, mi versión se recibió con reservas, incredulidad y demasiada desconfianza por parte del Juez. En América, me alcanzó para un refugio.

Para finalizar, considero que el nombre de un General de un Ejército tan comprometido como el Colombiano, jamás puede estar en entredicho porque ellos representan lo más respetable y lo más elevado de la Institución, ellos arrastran en sus soles la herencia moral de cada batalla de ayer, de hoy, y además encarnan los desafíos y compromisos éticos de las guerras del mañana.

REFERENCIAS BIBLIOGRÁFICAS

Andanzas criminales del mayor Maldonado en Cúcuta (2011, 23 de enero). *La Opinión*. Recuperado de http://www.laopinion.com.co/noticias/index.php?option=com_content&task=view&id=366210&Itemid=89

Borrero Mansilla, A. (2011). En vez del DAS: Inteligencia, controles democráticos y libertades; los balances inestables. *La Razón Pública*, (20 de noviembre). Recuperado de http://www.razonpublica.com/index.php/politica-y-gobierno-temas-27/2558-en-vez-del-das-inteligencia-controles-democraticos-y-libertades-los-balances-inestables.html

Corte Interamericana de Derechos Humanos. Caso de la "masacre de Mapiripán" *vs*. Colombia – sentencia del 15 de septiembre de 2005.

Declaración Mayor García Narváez ante Juzgado Segundo Penal Bogotá. Proceso 104–A–2. Martes 19 de marzo de 2002, página 9.

Decreto 2627 de 4 de diciembre de 1975 mediante el cual se causan novedades en personal de las FF.MM. firmado por el Ministro de la Defensa Nacional General Abraham Varón Valencia.

Decisión de primera instancia del Juzgado Noveno Penal del Circuito Especializado de Bogotá, D.C. Veintiocho (28) de noviembre de dos mil siete (2007).

Decisión de segunda instancia de la Sala Penal del Tribunal Superior de Bogotá. Bogotá D.C. Veinticinco (25) de noviembre de dos mil nueve (2009).

Dinastía Romanov. Wikipedia [versión electrónica]. Recuperado de http: http://es.wikipedia.org/wiki/Dinastia_Romanov

Disposición N.º 002 del 5 de octubre de 1996 mediante la cual el Comandante de la Séptima Brigada actualiza las jurisdicciones de los batallones de su área de competencia.

Evans, Michael (2012, julio, 13). EEUU: Hubo encubrimiento en la Masacre de Mapiripán. The National Security Archive. Recuperado de http://www.verdadabierta.com/component/content/article/63-nacional/4113-la-vision-del-gobierno-de-los-estados-unidos-sobre-la-masacre-de-mapiripan?format=pdf

Fallo confirmatorio de única instancia proferido por la Procuraduría General de la Nación el 16 de octubre de 2001 en el expediente N.º 001–24269/994.

Fallo de segunda instancia proferido por la Procuraduría General de la Nación en el expediente N.º 155–24838.

Fallo de única instancia proferido por la Procuraduría General de la Nación el 24 de abril de 2001, expediente N.º 001–24269/99.

Gil, L. (2011, marzo, 24). Demil. El Tiempo. Recuperado de http: http://m.eltiempo.com/opinion/columnistas/lauragil/demil/9063422/1

Giro en Mapiripán (2007, junio, 9). Revista Semana, recuperado de http://www.semana.com/nacion/giro-Mapiripán/104277-3.aspx

Gran Diccionario de sinónimos y antónimos (1995). Caracas: Editorial Panapo.

Informe inmediato de orden público Nº 2919 / IVDIV–BR7–BIPAR–S2 – 256 de fecha 15 de julio de 1997.

Impedimento suscrito por el Juez Jaimes Villamizar para no adelantar el juicio por los hechos de Mapiripán, firmado el 22 de octubre de 2004.

Investigan muerte de hermano de militar condenado por caso Mapiripán (2012, febrero, 27). El Tiempo. Recuperado de http://www.eltiempo.com/justicia/ARTICULO-WEB-NEW_NOTA_INTERIOR-11234103.html

Kirk, Robin (2003). *More Terrible than Death*. New York: PublicAffairs.

Krsticevic, Viviana (2011, mayo, 2). Defendiendo la democracia. *Semana*. Recuperado de http://www.semana.com/opinion/defendiendo-democracia/156060-3.aspx

Macías, Javier A. (2011, noviembre, 5). E.U. extraditaría al coronel Orozco a Colombia. *El Colombiano*. Recuperado de http://www.elcolombiano.com/BancoConocimiento/E/eu_extraditaria_al_coronel_orozco_a_colombia/eu_extraditaria_al_coronel_orozco_a_colombia.asp

Mancuso salpica a Del Río y a Carranza por masacre de Mapiripán (2011, 05 de diciembre). *El Tiempo*. Recuperado de http://www.eltiempo.com/justicia/declaraciones-de-mancuso-en-justicia-y-paz_10892195-4

Masacre de Mapiripán. Exparamilitar negó nexos de general Uscátegui en masacre de Mapiripán (2011, diciembre, 7). *El Espectador*. Recuperado de http://www.elespectador.com/noticias/judicial/articulo-315526-exparamilitar-nego-nexos-de-general-uscategui-masacre-de-mapirip

Mapiripán 15 años después. (2012, 29 de Julio). El Tiempo. Multimedia. Crónicas con Jineth Bedoya. Recuperado de http://www.citytv.com.co/videos/830098/cronicas-del-conflicto-con-jineth-bedoya-mapiripan-15-anos

Massie, Robert K. (1995). *The Romanovs, The final chapter*. United stated of America: Random House Publishing Group.

No se escucharon tiros, porque los degollaban (1997, 22 de julio). *El Tiempo*, p. 8.

No soy amigo del General Uscátegui. *El Espectador*, semana del 30 de enero al 5 de febrero de 2005, pág. 9A.

Oficio confidencial de fecha 30 de diciembre de 1997 y documento N.º 0068 de la Dirección Antinarcóticos–Sección Central de Inteligencia de fecha 14 de enero de 1998.

Oficio N.º 4730–BR7–CDO–256. Respuesta a Procurador Provincial de Villavicencio sobre hechos Mapiripán. Villavicencio, 5 de agosto de 1997.

Oficio 01113–BR7–CDO–226. Informe dirigido al Comandante del Ejército sobre el Caso Mapiripán, Meta. Villavicencio, 19 de noviembre de 1997.

Oficio 7242 – DIV5–BR13–CDO–789 de fecha agosto 1 de 2001, firmado por Brigadier General Reynaldo Castellanos Trujillo, Comandante de la Br 13.

Orden de Operaciones N.º 005 **LIBERTAD,** emitida por el Comando de la Cuarta División del Ejército el 17 de octubre de 1996. Villavicencio, Meta.

Plan de Operaciones N.º 300–13/96 CONQUISTA, emitido por el Comando General de las Fuerzas Militares.

Piccoli, Guido (2005). *El sistema del pájaro: los malos de la película. Colombia, paramilitarismo y conflicto.* Colección Textos de aquí y ahora. Primera Edición. Bogotá: ILSA.

Posición de Garante. Segunda instancia 25.536 de 2006. Aprobado acta N.º 77. Corte Suprema de Justicia. Sala de Casación Penal magistrado ponente: Álvaro Orlando Pérez Pinzón. Bogotá, D.C., veintisiete (27) de julio de dos mil seis (2006).

Remisión Escrito Excepciones Preliminares, contestación demanda, Observaciones. 39 páginas. Luz Marina Gil García. Agente Especial Gobierno Colombiano ante Magistrados Corte Interamericana de Derechos Humanos. Jueves 1.º de abril de 2004.

Resolución N.º 366534 del 16 de mayo de 1996 emitida por el Ministerio de Defensa Nacional asignando control operacional a la Cuarta División.

Restrepo, O. L. (1997, 29 de julio). El que deba algo que se vaya. *El Tiempo.*, sección Judicial.

Uscátegui, recluido en el Cantón Norte (1999, 22 de mayo). El Tiempo. Recuperado de http://www.eltiempo.com/archivo/documento/MAM-875238

Se entregó exparamilitar considerado ficha clave de masacres en Meta (07 de diciembre del 2011). Recuperado de http://www.eltiempo.com/justicia/ARTICULO-WEB-NEW_NOTA_INTERIOR-10903445.html

Sentencia del 18 de junio de 2003, proferida por el Juzgado Segundo Penal del Circuito Especializado de Bogotá.

Sentencia del 30 de septiembre de 2003, proferida por el Juzgado Segundo Penal del Circuito Especializado de Bogotá.

Vaneeckhaute, Hendrik (2003). *La otra guerra de EEUU*. Recuperado de http: // Hendrik. pangea.org / imágenes / laotraguerradeEEUU.htm

ANEXO A

Hubo encubrimiento en la Masacre de Mapiripán.

13 de Julio de 2012

Por Michael Evans*

El Ejército colombiano acusó falsamente al mayor Hernán Orozco de ser cómplice de la masacre paramilitar de Mapiripán, en el departamento del Meta, en 1997, "en un esfuerzo para confundir y ocultar la responsabilidad de otros miembros de la fuerza pública", según un cable diplomático del Departamento de Estado de 2003.

La publicación de este comunicado coincide con la conmemoración de los 15 años de la masacre de Mapiripán, uno de los actos más infames y emblemáticos de la violencia en Colombia. En los próximos días, el Archivo dará a conocer revelaciones adicionales, dentro de los que existen otros cables diplomáticos desclasificados sobre Mapiripán, que fueron autorizados para ser difundidos por parte del Panel de Revisión del Departamento de Estado.

El cable del Departamento de Estado describe el caso de Hernán Orozco, ex mayor del ejército colombiano que cooperó con los fiscales durante la investigación en contra de su comandante, el Brigadier General Jaime Uscátegui, el primer General colombiano en ser condenado en un caso importante de derechos humanos. El texto y otros documentos desclasificados publicados, muestran que el Departamento de Estado tenía serias preocupaciones sobre el hecho de que el mayor Orozco en su condición de testigo principal, estuviera siendo injustamente perseguido en Colombia por testificar en contra de un comandante militar de alto rango.

Dos de los principales ex jefes paramilitares de Colombia, Carlos Castaño y Salvatore Mancuso, dirigieron la masacre de Mapiripán, en los Llanos Orientales, luego de enviar más de 100 de sus hombres a la región desde Urabá, en la Costa Caribe, bastión de los paramilitares desde hace mucho tiempo. Luego de aterrizar en una pista aérea controlada por miembros del Ejército y la Policía, los paras se trasladaron en camión y luego en lancha, hacia Mapiripán, pasando por varios controles militares a lo largo del camino. Docenas de presuntos colaboradores de la guerrilla fueron asesinados en los días que siguieron.

Un juez local narró que cada noche "escuchó los gritos de las personas que estaban siendo torturadas y asesinadas" por los hombres de Castaño- y que por eso hizo peticiones urgentes a Orozco, comandante del Batallón del Ejército en la zona, para intervenir y poner fin a la masacre.

El problema para Orozco y Uscátegui es lo que sucedió después. Orozco ha dicho que envió un mensaje urgente a Uscátegui el 15 de julio, recomendando acción inmediata, pero que luego el general Uscategui lo presionó para que cambiara el contenido del mensaje y omitiera las partes en las que advertía sobre la arremetida paramilitar contra Mapiripán.

El fiscal encargado del caso, al parecer, iba a anular los cargos en contra de Orozco pero la justicia militar intervino y tomó el control con el argumento de que los presuntos delitos estaban relacionados con sus deberes militares. Ambos oficiales fueron condenados por un Tribunal Militar en 2001 por no intervenir para detener la muerte de los habitantes– omisión- y recibieron penas relativamente cortas de 38 meses (Orozco) y 40 meses (Uscátegui).

En 2003, en el año que el Departamento de Estado informó sobre Mapiripán, Orozco estaba libre y trabajando en Florida con la corporación Wackenhut, una empresa de seguridad privada. La vinculación de Orozco al caso Mapiripán alertó a la empresa que verificó sus antecedentes, lo que llevó a que Robert Jackson, de la Oficina del Departamento de Estado de la Democracia, Derechos Humanos y Trabajo, enviar una carta explicando que a Orozco y a su familia se les había concedido el estatuto de refugiados en los Estados Unidos debido a un "temor bien fundado de persecución" en Colombia, incluyendo amenazas de muerte.

Según Jackson, Orozco era un "oficial ejemplar" y "está totalmente limpio" en referencia al caso Mapiripan, además, "se había comportado con gran valentía y honor bajo constantes amenazas de muerte, provocadas por mantenerse firme en sus principios". Orozco había tomado "todas las medidas posibles, asumiendo un riesgo personal considerablemente alto" para evitar la masacre de Mapiripán, aseguró Jackson, agregando que "toda la evidencia indica que el oficial fue bloqueado por su cadena de mando".

El concepto favorable que tenía el Departamento de Estado del oficial Orozco, le ayudó a entrar a los Estados Unidos y obtener el trabajo en Wackenhut, pero al parecer no tuvo eco en el gobierno colombiano ni en el fiscal general de entonces, Luis Camilo Osorio. En julio de 2003, su oficina abrió cargos nuevos y más graves- incluso homicidio, conspiración y secuestro- contra los dos oficiales, tan sólo seis meses después de que Orozco llegó a los Estados Unidos como refugiado.

"La decisión provocó una fuerte respuesta del Departamento de Estado. En un informe de 2004 al Congreso la agencia dijo que estaba "satisfecha de que las actuaciones judiciales siguieran en contra del general Jaime Uscátegui", pero "preocupada" por la acusación en contra de Orozco, que fue considerado como el principal testigo en este incidente."

Un alto Funcionario del Departamento de Estado tuvo la oportunidad de expresar su preocupación por el caso Orozco al entonces presidente Álvaro Uribe. En una reunión de septiembre 2004, el subsecretario de Estado Marc Grossman, le dijo a Uribe que los Estados Unidos estaba preocupado por la persecución a Orozco, e incluso le entregó a Uribe "una cronología de los hechos" para explicar la posición del gobierno estadounidense.

Sin embargo, en 2007 un juzgado colombiano condenó a Orozco en ausencia por los cargos de homicidio por omisión, mientras que al mismo tiempo absolvió a Uscátegui de todos los cargos. Pasaron más dos años antes de que el Estado Colombiano, después de apelar, lograra que se condenara a los dos oficiales a 40 años de prisión.

Actualmente existe un movimiento en Colombia que busca que Orozco regrese al país a cumplir su sentencia. Los familiares de Uscátegui también han hecho un llamado para que los Estados Unidos extraditen a Orozco, ya que creen que tiene información crucial que podría exonerar al ex general. El año pasado, el embajador norteamericano en Colombia Michael McKinley dijo que el Departamento de Estado estudiaba la extradición de Orozco, pero la decisión final todavía está pendiente.

Quince años más tarde, y después de múltiples procesos en una variedad de tribunales civiles, militares e internacionales, los aspectos críticos del caso Mapiripán siguen sin resolverse. Entre ellos el destino de Hernán Orozco, quien todavía trabaja como oficial de seguridad en una comunidad residencial de Miami, Florida. ¿Deportaran los Estados Unidos a Orozco a Colombia para servir a sus 40 años de prisión, a pesar del "temor fundado" de persecución en su país de origen? ¿Le permitirá el Departamento de Estado a Orozco volver a Colombia a cumplir su sentencia, a pesar de la anterior conclusión de que fue víctima de un encubrimiento militar?

ANEXO B

Escudo del Ejército de Colombia.

El Ejército de Colombia tiene una estructura compuesta por ocho servicios, especialidades o armas, y cada una está representada por un color y un símbolo diferente:

1. Infantería, dos fusiles cruzados sobre fondo rojo,
2. Caballería, dos sables cruzados sobre fondo amarillo,
3. Artillería, dos cañones cruzados sobre fondo negro,
4. Ingenieros, una torre de castilla sobre fondo morado,
5. Comunicaciones, dos banderolas cruzadas en medio de una antorcha sobre un fondo naranja,
6. Inteligencia, una rosa heráldica, un sol heráldico y una espada, todo sobre un fondo color azul claro,
7. Aviación militar, una hélice en una alas sobre fondo azul oscuro, y
8. Logística, un águila con tres sables en su pecho y una llave en su pata derecha sobre un fondo gris.

"En todo esto se deduce claramente que el coronel (r) Hernán Orozco pretendió en todo momento evitar la masacre y otras posibles, pero que No contaba con el poder necesario para evitarla. Sin embargo lo condenan como ya dije, como "chivo expiatorio" por haber sido el oficial del Ejército Colombiano con menor rango y poder militar, y a partir de ahí tratar de lograr que exoneren al General Uscátegui que es el extremo opuesto de Orozco, es decir con ostensible mayor peso social, financiero y sobre todo político."

Apreciado Hernan Orozco Castro:

"Mi opinión personal es que usted no es un asesino, ya que obligados a aterrizar en San Jose del Guaviare, Colombia, luego de la primera masacre de Mapiripan en una avioneta piloteada por Sonia Pérez; se nos respetó a mi familia y a mi (Esposa e hijos) el derecho a la vida, en la conversación personal que sostuvimos en algún Restaurante de esa ciudad, tanto usted, su esposa, su amigo el médico y esposa, me parecieron gente decente. Sigo pensando que a usted lo utilizaron como chivo expiatorio. Fuerza y entereza, usted es honesto y también tuvo el valor de decir la verdad. No creo que usted sea cómplice de los narco paramilitares..."

Leonardo Ivan Cortes Novoa. Ex juez de Mapiripán
en el exilio forzoso.
Sábado, Diciembre 26, 2009 12:51 PM

Contacte al autor:
nemopuniturproalienodelicto@gmail.com

Página web del autor sobre el caso Mapiripán:
paucasedbona.com

CPSIA information can be obtained at www.ICGtesting.com
Printed in the USA
LVOW132110020413

327266LV00003B/11/P